SERVICE DE PRESSE

TOUCHE À TOUT
(Jeux pour 6 à 8 ans)

D1355226

Collection dirigée par Michel Paquin

Cette collection est inspirée de l'Apprentissage de la Pensée scientifique, cours de sciences à l'élémentaire, écrit par le B.R.C.E. Inc. (Bureau de Recherche et de Consultation en Éducation), publié par Librairie Beauchemin Ltée.

B.R.C.E.

TOUCHE À TOUT
(Jeux pour 6 à 8 ans)

Jacques Frenette Éditeur Inc.
Montréal, Québec

- Adaptation et rédaction
  Gilles Péloquin
- Conception graphique
  studio Adhoc Enrg.
- Composition et montage
  Rive-Sud Typo Service Inc.
- Impression
  Métropole Litho Inc.
- Distribution
  Agence de Distribution Populaire Inc.

© A.P.S. 1971
Par Librairie Beauchemin Ltée
© Jacques Frenette Éditeur Inc. 1981
Tous droits réservés
Bibliothèque nationale du Québec
Dépôt légal 2ième trimestre 1981
ISBN 2-89190-009-X
12345 8584838281

TABLE DES MATIÈRES

Comme l'ensemble des livres de la série **Touche à Tout**, *ce volume décrit une série de jeux favorisant l'apprentissage de diverses notions et approches utiles à l'acquisition de connaissances scientifiques et mathématiques qui sont données à l'école. Cet ouvrage s'adresse aux parents des enfants de six à huit ans, auxquels sont destinés les jeux que nous y décrivons. Précisons tout de suite que ces jeux ont été conçus pour s'adapter au niveau d'évolution des enfants de cet âge, qui sont en général très capables de les comprendre et d'y prendre plaisir, sans avoir pris connaissance (sauf quelques rares exceptions) des jeux contenus dans les autres volumes de la série* **Touche à Tout**. *Il faut même agir avec une certaine prudence en ce domaine, car chaque volume est élaboré en fonction des intérêts et des capacités intellectuelles des enfants d'un âge déterminé. Ainsi, les jeux des premiers volumes plairont aux tout-petits mais risquent de paraître «enfantins» aux «grands»... de sept ou huit ans! La différence peut vous paraître insignifiante aujourd'hui, mais si vous faites un petit retour en arrière, vous vous rappellerez sûrement à quel point vous vous sentiez plus vieux et plus grand quand vous étiez en deuxième année, que les «petits» de la maternelle et les «nouveaux» de la première année! Chacun des volumes de* **Touche à Tout** *constitue donc un ensemble complet en lui-même et s'il peut être intéressant de commencer au début de la série avec de jeunes enfants, il ne s'agit absolument pas là d'une condition nécessaire à l'efficacité de chaque volume, bien au contraire.*

Quelques conseils maintenant
sur l'emploi de ce livre

Même si vos enfants ne connaissent pas encore **Touche à Tout,** ils sont, sans aucun doute, capables de s'y intéresser et d'y prendre plaisir et profit. Les notions introduites par ces jeux et les données auxquelles ils réfèrent sont à la portée des enfants de six à huit ans, qui n'ont généralement pas de problèmes pour les assimiler. Évidemment, il faudra parfois mettre du temps et progresser au rythme des enfants. Mais, avec un peu d'attention et un minimum de patience, tout devrait bien se passer. Rappelez-vous qu'il s'agit de donner aux enfants la possibilité d'apprendre en jouant. L'apprentissage est important mais l'élément jeu l'est tout autant. Et cela vaut aussi pour vous. Si vous voulez que ce livre vous serve et remplisse bien son rôle, il faut que vous aussi preniez plaisir à participer aux jeux qui vous y sont proposés. Car **Touche à Tout** n'est ni un livre de conte, ni un ouvrage d'information scientifique destiné aux enfants. Les jeux qui y sont expliqués réclament un minimum de participation de la part des adultes. Le « travail » que cela impose ne devrait cependant pas être un fardeau. Je suis persuadé du contraire puisqu'il s'agit là de l'un des intérêts premiers de l'approche que nous avons suivie pour concevoir **Touche à Tout.** Les jeux qu'il décrit sont aussi intéressants pour les enfants que pour les adultes qui doivent les diriger. Je dirais même que ceux-ci y trouveront un double intérêt: en plus de s'amuser avec leurs enfants, ils auront une occasion exceptionnelle de se rapprocher d'eux et de les découvrir dans leur propre univers, celui du jeu qui, la plupart du temps, (et trop souvent) demeure un terrain interdit aux « grands ».

Vous remarquerez aussi que certains jeux demandent plus de préparation que d'autres, et vous manquez peut-être de temps de votre côté. Cela ne devrait pourtant pas vous empêcher d'utiliser **Touche à Tout**. Il vous suffit de choisir parmi les jeux qui s'y trouvent ceux qui vous conviennent le mieux au moment où vous pouvez donner du temps aux enfants. L'ordre dans lequel les jeux sont présentés n'a rien à voir avec celui dans lequel ils doivent être réalisés (sauf quelques exceptions). Plusieurs d'entre eux se recoupent et mènent au même objectif. Il s'agit pour vous de choisir dans ce que nous vous offrons ce qui correspond le mieux aux intérêts et aux besoins de vos enfants, au moment opportun. Certains jeux semblent de prime abord très sérieux. C'est vrai. Mais dites-vous que pour les enfants, le jeu est en soi quelque chose de sérieux et que pour eux, cela n'est absolument pas incompatible avec l'amusement. De plus, les enfants sont curieux et le fait de découvrir des choses nouvelles (qui peuvent paraître simples et bien anciennes pour vous) constitue un élément de motivation et d'agrément extrêmement puissant. Il suffit de peu de chose pour éveiller leur intérêt. Vous n'aurez souvent qu'à commencer à vous installer, sans rien dire. Vous verrez que les questions ne tarderont pas à fuser. Vous aurez ainsi, sans vous fatiguer, attrapé l'attention des enfants. Le plus difficile sera fait!

Encore une fois, ne forcez rien. Vous avez du temps et brusquer les événements n'aura qu'un seul effet: vous compliquer l'existence. Il y a des choses qui doivent venir au bon moment, ni avant, ni après. Attendez qu'il se présente... ce qui ne vous empêche pas d'en favoriser subtilement l'apparition. Et enfin, essayez de vous amuser vous aussi. Les enfants ne sont pas les seuls à préférer le jeu au travail. Je vous souhaite donc bonne chance et... bon plaisir!

1 PRENDRE LE TEMPS

Nous voulons dans cette série de jeux intéresser l'enfant à la mesure des durées, c'est-à-dire les intervalles de temps compris entre deux événements (qui peuvent être le début et la fin d'un phénomène, de quelque chose qui se passe). Avant de pouvoir mesurer un intervalle de temps, il faut faire comprendre aux enfants l'existence d'une notion qui s'appelle le temps et qu'il existe du temps derrière tout geste et toute action, qu'on le mesure ou non. Le premier jeu est un moyen d'y arriver. Revenez-y plusieurs fois, jusqu'à ce que l'enfant comprenne que le temps existe et peut être mesuré. Il est évidemment possible que déjà certains enfants maîtrisent bien cette donnée. Vous pourrez alors commencer plus rapidement les jeux de mesure du temps. Par contre, si vous voyez que cette notion est un peu floue, vous aurez intérêt à « travailler » un peu le premier jeu.

Je vous signale que vous aurez peut-être à corriger certaines notions. Les enfants de 7 ans emploient souvent les mots « minute » et « seconde » dans leur langage quotidien, le plus souvent sans bien comprendre de quoi il s'agit. Il faudra donc insister pour qu'ils nomment les unités arbitraires que vous leur ferez utiliser. Enfin, n'oubliez pas que les intervalles de temps que vous choisirez devront toujours être de durée inférieure à la durée maximum d'attention de l'enfant, car il faut que ce dernier puisse avoir présent à l'esprit, simultanément, les deux événements qui en

marquent le début et la fin. La durée optimale pour les intervalles varie selon la capacité d'attention des enfants et
selon leur état intellectuel et émotif. Ainsi, la veille d'une
tempête de neige, un événement qui dure cinq minutes est
quelque chose de très long, surtout si l'enfant est tant soit
peu fatigué. Par contre, quand les enfants sont bien reposés
et qu'ils n'ont pas en tête la perspective d'un autre événement très intéressant, ils peuvent s'intéresser au même sujet
pendant plus d'une heure.

Donc, à vous de bien voir ce qui se passe dans leurs têtes et
de choisir vos événements selon les circonstances.

TIC-TAC

MATÉRIEL:
- *une boîte*
- *une vingtaine de billes*

Demandez à l'enfant de tenir à bout de bras une brique ou un autre objet assez lourd (pour qu'il se fatigue assez rapidement!).

Ne dites rien, mais aussitôt qu'il lèvera le bras avec la brique, tournez autour d'une chaise (ou d'une table) sur laquelle vous aurez déposé une boîte. Marchez d'un pas régulier et laissez tomber une bille dans la boîte chaque fois que vous finissez un tour. Continuez jusqu'à ce que l'enfant laisse tomber son bras. S'il y a d'autres enfants, reprenez l'opération avec un autre. (Notez l'événement et combien il y a de billes dans la boîte).

S'il n'y a qu'un seul enfant, proposez-lui de recommencer avec un autre objet et refaites votre mesure. Vous pouvez compter les billes à haute voix pour attirer son attention sur la différence de durée des événements.

Faites-lui, par la suite, entreprendre d'autres opérations de différentes durées. Continuez de jeter des billes dans la boîte et notez à chaque fois « combien il a fallu de billes » pour les mener à bien. Vous pouvez par exemple estimer combien il faut de billes pour laver la table, pour aiguiser un crayon, pour que le chat boive son lait[1], pour se brosser les dents, etc.

Vous pouvez ensuite demander à l'enfant de vous imiter et de mesurer des actions que vous effectuerez vous-même. (Êtes-vous capable de tenir la brique à

bout de bras aussi long-
temps que lui?)

Demandez à l'enfant d'ex-
primer ses observations. Il
devra réaliser de lui-même
que les événements ne sont
pas tous d'égale durée et
qu'on peut les comparer
en inventant des moyens
comme la bille qui tombe,
etc. Dressez avec lui la liste
des événements mesurés;
faites-lui nommer les événements courts, les événements longs.

Effectuez une nouvelle expérience mais cette fois tri-
chez ostensiblement en ou-
bliant de laisser tomber
une bille ou en prenant du
repos de temps en temps.
Exprimez votre surprise
sur le nouveau résultat, s'il
n'a pas protesté dans le feu
de l'action. Recommencez
l'expérience autant de fois
qu'il est nécessaire en vous
arrêtant carrément de
marcher et dites par exemple: « Cette fois-ci, aiguiser
un crayon va prendre deux
billes seulement; je me demande si j'ai le droit de
faire cela. » Orientez la discussion sur le fait que si la
procédure est changée, le
nombre de billes ne représente plus grand-chose.

1. Si votre chat n'est pas trop
   nerveux. Le mien s'intéressait
   plus aux billes qu'à son bol de
   lait!

BEAU SABLIER, BEAU SABLIER...

MATÉRIEL:
· *un entonnoir assez grand mais dont le tube de sortie est fin (au besoin, pincez-le)*
· *un sac de sable tamisé, très fin et très sec*
· *un pot d'un litre et un bac à sable*

Proposez à l'enfant le jeu suivant: il s'agit de reproduire aussi exactement que possible des intervalles de temps en faisant couler la quantité exacte de sable dans un entonnoir. Déterminez un intervalle de temps (compatible avec la grosseur du tube et des entonnoirs dont vous disposez) productible à volonté dans l'ordre de trente à quatre-vingt-dix secondes, par exemple le temps compris entre le début et la fin d'une chanson enregistrée ou tout autre intervalle commode. Expliquez à l'enfant qu'il doit choisir juste la bonne quantité de sable afin que celui-ci soit totalement sorti de l'en-tonnoir au moment exact où votre intervalle standard se termine. Soulignez-lui la nécessité de réaliser une expérimentation préliminaire pour se familiariser avec les caractéristiques du phénomène et la durée de la chanson. Faites-lui commencer le jeu en donnant un signal de départ qui coïncide avec le début de la chanson. Aussitôt l'enregistrement terminé, discutez du résultat obtenu: « Ton sablier a-t-il coulé pendant plus de temps que la durée de la chanson, ou moins longtemps? Faudrait-il ajouter ou enlever du sable pour que les durées soient égales? » Dites à l'enfant de recommencer l'expérience pour voir si le résultat est meilleur.

Si le problème l'intéresse, prenez un intervalle beaucoup plus court et répétez l'expérience. Recommencez ensuite avec un intervalle de temps plus long.

Pour lui faciliter la tâche vous pouvez mettre à sa disposition un instrument capable de mesurer la quantité de sable. Une balance à ressort serait l'outil idéal. Si vous n'en avez pas à votre disposition, utilisez un contenant gradué.

C'EST BIEN LONG, ATTENDRE!

MATÉRIEL:
· objets de la maison
· jouet mécanique ou camion à
  remontoir

Commencez une discussion avec l'enfant sur ce qui est plus long et plus court du point de vue de la durée. Est-ce qu'il faut plus de temps pour ranger sa chambre que pour manger un cornet de glace ou aller au coin de la rue et revenir? Demandez à l'enfant de vous dire comment il arrive à ces réponses. Parlez-lui aussi de ses émissions de télévision favorites: « Est-ce que telle émission dure plus longtemps que telle autre? ». Proposez-lui ensuite de se fabriquer des intervalles de temps en lui donnant un modèle: « Moi, je me donne comme intervalle le temps pris par la souris mécanique pour traverser la pièce. Peux-tu me trouver un intervalle plus long? » Demandez-lui ensuite de trouver un intervalle plus court. Si plusieurs enfants participent, formez des équipes. Quand les équipes ont fini le jeu, faites comparer les intervalles en vous assurant qu'ils commencent bien ensemble. Posez les questions d'usage: « Cet intervalle est-il plus long (ou plus court) que le mien? Est-il plus long que tel autre? » Vous pourrez ainsi vérifier la transitivité de la relation a plus grand que b plus grand que c = a plus grand que b et a plus grand que c pour trois intervalles donnés.

COMMENT MESURER LE TEMPS?

MATÉRIEL:
- *sablier (dans le genre de ceux qu'on emploie pour mesurer le temps de cuisson des oeufs)*
- *objets de la maison*
- *écrous*
- *rouleau de ficelle*

Amenez l'enfant à suggérer des moyens pour mesurer le temps d'un événement. Choisissez avec lui des événements dont la durée pourrait être facilement mesurée.

Ce pourrait être, par exemple, marcher d'un coin de rue à un autre ou descendre un escalier. Si l'enfant suggère d'utiliser l'horloge pour mesurer les événements proposés, dites-lui qu'en effet c'est un moyen, mais qu'il comporte certaines difficultés de lecture et qu'on s'en occupera plus tard. Au préalable si vous disposez d'un sablier mettez-le bien en vue, de manière à ce que l'enfant le remarque facile-

ment. Acceptez comme moyens de mesure toutes les suggestions d'événements suffisamment réguliers. On peut mesurer un événement de courte durée mais répété régulièrement. Orientez la discussion de façon à ce que l'enfant propose plusieurs façons pour mesurer un événement. Voici quelques exemples:
- une goutte d'eau tombant régulièrement du robinet
- les battements de coeur
- des frappements de mains réguliers
- un métronome
- le facteur qui passe tous les jours.

Si le pendule n'est pas

mentionné, construisez-en un et mettez-le en mouvement. Demandez à l'enfant s'il peut l'utiliser pour mesurer des événements. Laissez-le manipuler cet instrument et discutez avec lui de son utilisation.

Incitez-le ensuite à mesurer chacun des événements préalablement choisis avec plusieurs de ces moyens. N'insistez pas ici sur la précision, ni sur le choix adéquat du standard de mesure. Amenez-le simplement à se rendre compte qu'un même événement peut être mesuré d'une multitude de façons.

Dressez avec lui un tableau comparatif des différents événements mesurés.

Demandez-lui ensuite d'ordonner les différents événements mesurés par ordre de durée, de la plus longue à la plus courte, et vice versa.

événements mesurés	pendule	gouttes du robinet	sablier
faire le tour de la maison	22 aller retour	32 gouttes	3½ sabliers
aiguiser un crayon	6 aller retour	9 gouttes	1 sablier
etc.			

UN CHOIX: LE BON!

MATÉRIEL:
- *objets de la maison*
- *quelques écrous et un rouleau de ficelle*

Posez à l'enfant un problème de mesure d'un événement qui ne soit ni trop long, ni trop court. Par exemple, mesurer le temps qu'il prend pour aller d'une extrémité à l'autre de la maison.

Faites-lui ensuite chercher différents moyens (standards arbitraires) de mesurer l'événement en question. Il vous suggérera probablement plusieurs standards arbitraires. Certains seront parfaitement adéquats, mais il est possible que d'autres ne le soient pas du tout. Rappelez-lui ceux qu'il a trouvés en jouant à *Comment mesurer le temps?*. Dans le cas qui nous intéresse, une goutte d'eau tombant du robinet constitue un exemple de standard adéquat tandis que les passages quotidiens du facteur sont inadéquats.

Poursuivez le jeu en demandant à l'enfant de mesurer l'événement avec un des standards inadéquats. Faites-lui réaliser qu'il est: ou impossible de mesurer l'événement avec tel standard, ou que la mesure obtenue est trop imprécise. Ce pourrait être, par exemple, un événement de durée très voisine de celui qu'il faut mesurer, comme faire trois fois le tour de la salle de jeux ou un autre geste du même genre.

En reprenant l'opération avec un standard adéquat, l'enfant comprendra qu'il faut toujours choisir un standard en fonction directe de l'événement à mesurer et que ce choix ne doit jamais s'accomplir à la légère. Montrez la nécessité de ce que le standard employé soit le plus régulier possible et adapté à l'événement à mesurer, c'est-à-dire y être contenu un nombre raisonnable de fois.

Posez ensuite un autre problème de mesure: celle d'un événement court, par exemple le temps que prend une balle pour rouler la largeur de la salle de jeux ou la longueur du corridor de votre maison. Faites suggérer des moyens (standards arbitraires) pour mesurer cet événement. Notez les différents standards proposés et discutez avec l'enfant afin de juger s'ils sont tous également utiles. Amenez-le à

discerner ceux qui sont vraiment adéquats et à rejeter les autres. Si c'est nécessaire, essayez-les tous et discutez ensuite. Puis recommencez pour des événements plus longs et amorcez des discussions.

Proposez ainsi une série d'événements de durées inégales jusqu'à ce que l'enfant soit capable de choisir rapidement un standard approprié. Si plusieurs enfants participent à ce jeu, veillez à ce que tout le monde en arrive à des suggestions adéquates. Inscrivez sur un tableau les différents résultats; insistez pour que chacun exprime clairement son résultat. Comparez à l'aide des résultats obtenus les différents standards employés; examinez avec les enfants si tous les standards étaient également adéquats.

Proposez un autre événement et demandez-leur de le mesurer.

Considérez ensuite avec eux les standards employés et faites exprimer clairement les résultats.

Puis, faites-leur réaliser qu'il serait préférable que tous utilisent le même standard pour mesurer un événement. De cette façon, ils obtiendront tous le même résultat et la communication sera beaucoup plus facile. Proposez-leur de mesurer un événement donné à l'aide d'une boîte perforée, en comptant le nombre de gouttes d'eau qui s'échappent régulièrement pendant la durée de l'événement. Faites attention: le trou doit être très petit pour que l'eau tombe presque goutte à goutte.

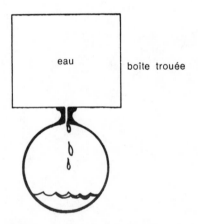

eau

boîte trouée

Aidez-les à étudier les résultats de l'expérience. Essayez de déterminer avec eux les causes des résultats différents. Demandez-leur s'il ne serait pas préférable qu'ils mesurent tous le temps de la même façon.

2 CE MÈTRE QUI NOUS EFFRAIE

Les enfants de 7 ans connaissent déjà sans doute le centimètre et peut-être le décimètre. Cette série de jeux porte sur le mètre et le millimètre. Elle donne aux enfants l'occasion de faire de nombreuses mesures de longueur en employant toutes ces unités.

Certains enfants à l'exemple des adultes d'abord initiés au système de mesure anglais emploient souvent des unités de ce système, ce qui provoque souvent des confusions et retarde parfois l'apprentissage du système métrique ou, du moins, la familiarisation avec celui-ci.

Une chose est à éviter absolument: la « traduction », c'est-à-dire le processus suivant lequel on dit: « Tant de pouces, donc tant de centimètres. » Un système de mesure ressemble à une langue: il est essentiel, pour s'en servir facilement, que les mots exacts surgissent spontanément et non qu'ils fassent l'objet d'une traduction simultanée. Il faut penser métrique quand on veut mesurer selon ce système. Seule la pratique courante permet de devenir à cet égard parfaitement à l'aise.

Les jeux suivants permettront aussi à l'enfant d'acquérir l'habileté à estimer des longueurs. Ils l'aideront à se construire des « clichés » ou des unités de mesures approximatives qui l'accoutumeront peu à peu avec les unités de base. Par exemple: il gardera en mémoire sa propre hauteur, l'envergure de ses deux bras tendus à l'horizontale ou la longueur de son pas. De même, il saura qu'un centimètre équivaut à l'épaisseur de son livre de lecture et un millimètre à la largeur d'un trait de crayon feutre fin. Toutes ces références à des unités familières lui permettront probablement de conceptualiser les unités de base. Ce travail accompli, seuls les exercices répétés apporteront un peu plus de précisions dans les évaluations. L'enfant acquerra ainsi un jugement face à des mesures, ce que d'aucuns pourraient qualifier de premier pas vers la « sagesse de l'expérience! »

MESURER À L'OEIL

MATÉRIEL:
· *objets de la maison*
· *règle de 30 cm*

Présentez à l'enfant un objet (par exemple une boîte d'allumettes) et demandez-lui verbalement les dimensions de cet objet: « Quelle en est la longueur? sa largeur? son épaisseur? »

N'approuvez ou ne rejetez aucune des réponses; ayez l'air sceptique. Passez-lui ensuite l'objet et laissez-le le manipuler. Demandez-lui de contrôler avec la règle. Vérifiez s'il choisit les unités appropriées.

Recommencez plusieurs fois: il devra estimer dans chaque cas les dimensions d'un objet et vérifier ensuite avec une règle. Amenez-le à se rendre compte qu'il peut être utile de prévoir les dimensions d'un objet en mesurant à l'oeil. La mesure estimée est très souvent utile puisqu'elle épargne beaucoup de temps; elle permet de donner une bonne idée de l'ordre de grandeur avant même d'avoir effectué un travail quelconque. Elle aide à éliminer rapidement les erreurs de lecture qui peuvent ensuite survenir. Elle sert enfin à choisir l'instrument de mesure adéquat.

Amorcez une discussion sur l'utilité de « mesurer à l'oeil ». Demandez-lui si c'est facile de mesurer la longueur de la maison avec une règle de 10 cm, ou s'il vaut mieux employer une règle plus longue? Ou encore demandez-lui si, pour mesurer la hauteur de son verre de lait, c'est plus simple d'utiliser un décimètre qu'un mètre.

PETITS PAPIERS

MATÉRIEL:
- *bandes de papier*
- *crayons et ruban adhésif*
- *réglettes*

Les enfants ont parfois de la difficulté à comprendre que la longueur des choses ne change pas quand on les déplace. Ce jeu peut les aider à clarifier cette notion. Rappelez d'abord à l'enfant l'existence du décimètre et donnez-lui une réglette de cette longueur. Au besoin, faites-lui faire quelques exercices de mesure rapide. Proposez-lui ensuite de couper une bande de papier de 1 décimètre pour qu'il compare la longueur de la bande et celle de la réglette. Si la mesure est inexacte, demandez-lui d'expliquer son erreur. Il se peut qu'il sache parfaitement comment reproduire un décimètre, mais qu'une faute de manipulation soit à la source de son erreur. Dans ce cas, l'enfant vous dira, par exemple: « Ma bande est un petit peu plus longue parce que je l'ai mal coupée et ce petit bout dépasse. » Dites-lui d'éliminer le petit bout. Si l'enfant, par contre, ne peut justifier son « non » ou attribue la différence à la position relative de la bande par rapport à l'autre, il faudra faire avec lui des exercices de comparaison par superposition.

Prenez ensuite deux bandes de papier de 5 dm de long par 3 cm de large (une rouge et une blanche) et placez-les côte à côte en montrant bien qu'elles sont de la même longueur. Demandez à l'enfant de vous le confirmer verbalement[1]. Il vous répondra probablement que oui. Déplacez ensuite l'une des deux bandes, la rouge par exemple, parallèlement à elle-même (sans toucher à l'autre) d'environ 15 cm et demandez si elles sont toujours de même longueur. Si l'enfant répond « oui », demandez s'il peut faire quelque chose aux bandes, sans les couper ni les plier, pour qu'elles ne soient plus de la même longueur. Si la notion est bien ancrée, il devrait vous dire « non ».

Si, par contre, l'enfant croit que l'une ou l'autre des bandes est devenue plus longue (en général, celle qui a été déplacée), ne dites rien mais repliez un bout de bande « longue » et placez-la devant l'autre pour que les deux extrémités dépassent. Laquelle est la plus longue? La blanche. Déplacez encore la rouge pour qu'elle dépasse la blanche de 15 cm. Et maintenant? Il est possible que l'enfant vous dise que la rouge est devenue plus longue. Dans ce cas, repliez encore un bout de rouge et refaites la comparaison. Vous pourrez peut-être aller jusqu'à la situation illustrée à la figure 1b et l'enfant vous dira encore que R et plus long

---

1. Faites très attention à ne pas «solliciter» de réponse, ni par vos gestes ou vos paroles, ni par votre attitude.

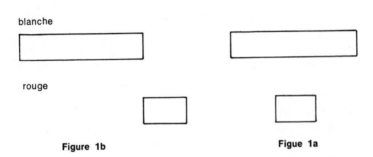

blanche

rouge

Figure 1b   Figue 1a

que B en 1b même s'il sait
bien que B est plus long
que R en 1a. Jusqu'à pré-
sent vous n'avez fait rien
d'autre que manipuler et
poser des questions. Dites
maintenant: « Tu es certain
de ce que tu dis? La rouge
est vraiment plus longue
que la blanche? Compare
avec tes mains. » Ou bien:
« Si ces bandes étaient des
tablettes de chocolat, choisirais-tu la plus longue ou
la plus courte? Laquelle

choisirais-tu? » Quand la
situation que vous avez
créée (où la conception de
la longueur variable est
tout à fait inadéquate) sera
suffisamment impérative,
l'enfant réalisera que la
bande blanche est et de-
meure la plus longue. Il se
peut qu'il vous fasse re-
marquer le dépassement
(l'enfant est encore probablement incrédule). Dites-
lui alors de ne pas oublier
les deux bouts. Lorsque

l'enfant sera persuadé que la petite bande rouge ne devient pas plus grande que la blanche lorsqu'on la déplace, refaites le chemin en sens inverse en dépliant la bande rouge. À chaque étape, posez la question: « La bande rouge est-elle devenue plus grande? » « Non, elle est encore plus petite. » « Peut-on faire quelque chose pour la rendre plus grande? » « Non ». Au besoin, demandez à l'enfant de la suivre avec ses doigts écartés. Il sait bien que ses mains ne changent pas quand il les bouge. Revenez ainsi aux bandes égales et il est probable qu'il sera certain qu'elles restent identiques même si on les bouge.

Cette partie du jeu, malgré la longueur de la description ne demande en fait qu'une dizaine de minutes. Recommencez à quelques jours d'intervalle en changeant complètement les accessoires. Par exemple, les bandes de papier sont remplacées par des ficelles ou des pailles. Introduisez progressivement des rotations, d'abord dans le plan puis dans l'espace, en insistant pour que l'enfant compare les grandeurs avant et après le déplacement.

Donnez ensuite un exercice où il sera question de mesurer, par exemple, la longueur d'une des pièces de la maison en décimètres. La manipulation sera donc fastidieuse. Proposez alors de réunir plusieurs décimètres de papier ensemble pour que ce soit plus rapide. Demandez à l'enfant combien il veut en utiliser. S'il ne le fait pas de lui-même, proposez-lui de réunir une dizaine de décimètres ensemble avec du ruban adhésif. Faites les tous numéroter de 1 à 10, et demandez à l'enfant de mesurer la bande ainsi obtenue en dizaines et en unités.

Par exemple, il dira: « La salle de jeux mesure 5 dizaines et 3 unités de décimètre. » Ceci fait, expliquez que la dizaine de décimètres est une longueur importante appelée « mètre ». Un mètre équivaut à une dizaine de décimètres. Faites couper des bandes de papier de 1 mètre et faites-les identifier par l'enfant. Vous pourriez laisser sur un tableau d'affichage une de ces bandes marquées « 1 mètre » en grosses lettres à côté d'une autre marquée « 1 décimètre ». N'allez pas trop vite. Il faut laisser à l'enfant tout le temps nécessaire aux manipulations.

Faites-lui donc mesurer différentes longueurs sous toutes sortes de prétextes. Il y en a plusieurs qui sont expliqués dans les autres jeux, mais vous pouvez en inventer quand les occasions se présentent.

LE MÈTRE ET SES DÉCIMÈTRES

MATÉRIEL:
- *bandes de papier*
- *ciseaux*
- *règle de 1 mètre*

Taillez une bande de papier d'un mètre et demandez à l'enfant de l'identifier. Prenez-en une autre (légèrement marquée au préalable) et divisez-la en dix parties égales avec des ciseaux. Disposez les dix parties sur une table, côté du mètre demeuré intact. Si vous avez disposé les parties suivant la figure 1, il est possible que l'enfant décide que les morceaux sont plus longs.

À ce moment, enlevez deux portions au centre et reposez la question. Enlevez-en jusqu'à ce qu'il ne reste plus que les deux décimètres des extrémités et demandez à l'enfant comment il se fait que ces deux petits bouts soient plus longs que toute cette grande bande. Au besoin joignez les deux bouts, faites-les comparer à la grande bande et replacez-les. Lorsque l'enfant sera persuadé qu'il faut tenir compte des vides, ajoutez les dixièmes un à un en faisant constater à chaque fois que la bande intacte est plus longue que les sections. Lorsque les dix sections sont revenues et que l'égalité a été constatée, reprenez la situation de départ (figure 1) et reposez vos questions en rappelant de tenir compte des vides. Si vous le jugez utile, recommencez le même jeu avec du matériel différent: ficelle, bâtons de réglisse ou tout autre objet. Lorsque l'identité de la longueur du tout et de la somme des sections sera devenue évidente, faites constater l'identité entre les dixièmes de mètres que vous avez coupés et les décimètres que l'enfant connaît. Reprenez alors votre mètre construit avec dix décimètres réunis, faites recompter les parties et sortez votre mètre. Si vous le jugez à propos, suggérez à l'enfant plusieurs exercices de conversion entre mètres et décimètres et faites-le pratiquer avec le mètre. Ce serait préférable au début de masquer la règle avec une de vos bandes de papier marquées au décimètre pour éviter la confusion avec la numérotation des centimètres et des millimètres. L'objectif de cette séance sera de donner à l'enfant l'occasion d'exprimer les mesures par la formule « tant de mètres et tant de décimètres » et d'en trouver l'équivalent en décimètres.

À l'école, en mathématique ou en sciences, la plupart des enfants ont déjà travaillé avec des réglettes qui sont des petits carrés de 1 cm de côté. Vous pouvez en fabriquer avec du carton. Ils savent que la plus petite réglette représente un centimètre. Si votre enfant n'est pas familier avec cet exercice, demandez-lui de placer dix petites réglettes ensemble et de vous dire quelle est la longueur obtenue. Il devrait rapidement s'apercevoir qu'il s'agit du décimètre. Résumez les constatations: dix centimètres réunis forment un décimètre. Donnez la règle à l'enfant et demandez-lui de constater l'identité entre la longueur des réglettes et les distances entre les traits imprimés sur la règle. Profitez de la nouveauté de l'instrument pour lui demander de mesurer des objets simples comme des livres ou des cahiers. Dites par exemple: « Quel est le plus long cahier, combien de décimètres et de centimètres mesure ce cahier? » Continuez avec le plus petit cahier et le plus grand livre, etc. Demandez à l'enfant d'écrire ses mesures pour ne pas les oublier.

LE JEU DES CLICHÉS

MATÉRIEL:
- *objets de la maison*
- *mètres*
- *double décimètre*

Faites trouver dans la pièce où vous jouez avec l'enfant, sur lui-même ou de mémoire, des « clichés » comparatifs pour les mesures usuelles: le mètre, le décimètre, le centimètre, le millimètre. Il serait important que vous donniez des exemples de ces « clichés » afin de dépanner l'enfant au besoin. Par exemple on aura pour le mètre: la hauteur de la table, la largeur de la porte, la hauteur de vos bras, etc. Pour le décimètre, il y a la hauteur d'une boîte de soupe en conserve, la largeur de la plaque d'une prise de courant électrique, la largeur de la semelle de votre soulier, etc. Dans le cas du centimètre, pensez à la largeur d'un de ses doigts (rappelez-lui cependant qu'il grandira), au diamètre d'un bouton, aux trous du cadran du téléphone, au manche de sa fourchette, etc. En ce qui concerne le millimètre, parlez de la ficelle, des brins de laine, d'un trait de crayon, d'une tige de foin, d'une aiguille de sapin et ainsi de suite. Laissez l'enfant chercher! Vous pouvez lui suggérer des éléments, mais il doit faire les découvertes.

Inscrivez ensuite sur un tableau les « clichés » proposés par l'enfant pour chaque mesure.

Demandez-lui de vérifier avec la règle.

Amenez-le à accepter les clichés justes et à rejeter pour toujours les fausses idées.

En guise de rappel sur le système métrique, récitez cette comptine sur le mètre:

« Dix petits centimètres se mettent les uns sur les autres pour être aussi hauts qu'un décimètre. Dix petits décimètres se mettent les uns sur les autres, etc. »

Si l'enfant témoigne de l'intérêt, incitez-le à en composer d'autres.

À VUE DE NEZ

MATÉRIEL:
· *aucun*

Demandez à l'enfant d'évaluer rapidement des dimensions que vous proposez avec vos deux mains comme bornes.

Exigez des estimations en centimètres et en décimètres. Effectuez ensuite le processus contraire: vous proposez une longueur et l'enfant vous l'indique avec ses mains.

Poussez plus loin les deux cas précédents en demandant d'exprimer la même longueur dans plusieurs unités comme par exemple: « Quelle distance y a-t-il entre mes mains? » On devra vous répondre: « 15 cm, 1 décimètre et demi, etc. »

On peut aussi tracer des lignes sur un tableau, les faire estimer et vérifier. Passez alternativement des lignes horizontales aux lignes verticales et inversement.

Demandez à l'enfant d'estimer de mémoire les dimensions de certains objets: une fourchette, une vitre, une poupée, un camion, etc.

Discutez et, au besoin, faites-lui montrer les dimensions avec ses mains. Demandez-lui ensuite de vérifier les dimensions de ces objets.

POUR DEVENIR EMBALLEUR

MATÉRIEL:
· un paquet emballé

Présentez à l'enfant un paquet emballé et dites-lui d'estimer les dimensions du papier d'emballage au complet. Puis demandez-lui de dessiner ce papier d'emballage.

Ensuite, l'enfant manipulera le paquet sans le déballer. Il lui sera possible, au besoin de corriger son estimation précédente.

Déballez le paquet et demandez à l'enfant de vérifier l'exactitude de son estimation en mesurant les dimensions du papier. Faites ensuite l'exercice inverse. Il s'agira d'estimer les dimensions du papier nécessaire pour emballer une boîte. Après une première estimation, la boîte sera mesurée et de nouvelles estimations pourront s'effectuer.

La période des Fêtes ou la préparation d'un anniversaire sont de bonnes occasions pour jouer à l'emballeur!

3 L'AIRE QUE L'ON CROIT AVOIR...

Voici une série de jeux à propos des surfaces: des aires pour être précis.

Quel que soit son objet, la mesure est un processus qui demeure fondamentalement le même: il s'agit de choisir une unité comparable à la grandeur à mesurer et de compter combien de fois cette unité est contenue dans cette grandeur.

Nous procédons ici avec les enfants à des mesures par recouvrement concret. C'est-à-dire que nous leur ferons recouvrir des aires par des unités de petites dimensions. C'est la seule façon de procéder qui soit à la portée des enfants. Les règles viendront plus tard... et seront d'autant mieux comprises qu'elles correspondront à ce qui a déjà été concrètement perçu.

Si le procédé du recouvrement vous paraît fastidieux, rappelez-vous qu'il vaut mieux découvrir avec bonheur que recevoir avec indifférence une règle toute faite que l'on risque de ne jamais comprendre totalement!

Une remarque pratique: certaines personnes ont tendance à penser qu'une aire d'un centimètre carré possède nécessairement une forme carrée. Afin que ce malentendu ne soit pas transmis aux enfants, faites-leur mesurer des aires ayant toutes sortes de formes, pas seulement des rectangles ou des carrés.

DE L'ESPACE POUR JOUER!

MATÉRIEL:
- *deux cartons minces (20 X 30 cm) verts, poinçonnés tous les cinq centimètres dans les deux sens*
- *vingt blocs représentant des maisons, ou vingt cartons de couleurs contrastées (5 X 5 cm)*

Présentez à l'enfant deux grands cartons verts. Proposez-lui de construire la maquette d'une ville. Insistez sur le fait que vous voulez laisser aux enfants le plus de place possible pour jouer. Puisque vous avez les « terrains, » ajoutez des modèles de maison (blocs ou cartons) en les disposant au centre de l'un des cartons (figure 1a), et tout au bord de l'autre (figure 1b). Les deux « terrains » devront constamment contenir le même nombre de « maisons » d'aires identiques. Chaque fois que vous ajoutez des « maisons », posez la question: « Où les enfants ont-ils le plus de place pour jouer à l'extérieur des maisons?[1] »

---

1. Les enfants peuvent jouer quelle que soit la forme du terrain; rappelez-vous que le nombre de « maisons » doit toujours être le même de chaque côté.

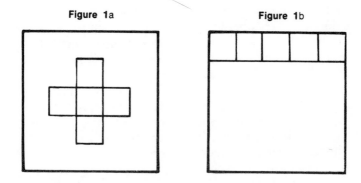

Figure 1a

Figure 1b

Il est probable qu'au début, l'enfant affirmera l'égalité des deux aires, mais lorsque vous aurez placé cinq ou six maisons de chaque côté, il changera d'avis.

S'il y a plusieurs enfants, continuez d'ajouter des maisons sur chaque terrain, pour voir si vous n'attraperez pas quelqu'un. Occupez ensuite les tenants de l'égalité à autre chose. Demandez à ceux qui soutiennent la thèse de l'inégalité d'ajouter des maisons sur le terrain où l'aire leur semble la plus grande jusqu'à ce qu'elle soit pareille (aussi grande ou petite) à l'autre. Les enfants ajouteront probablement quelques maisons sur le terrain « b ».

43

Demandez alors à quelqu'un de résumer la situation: «Il y a autant de place pour jouer de chaque côté, et il y a N cartons d'un côté et N de l'autre.» Si on superpose les deux aires semblables l'une sur l'autre, elles devraient s'ajuster exactement. Dessinez les contours, découpez les aires de jeux et demandez aux enfants si elles sont égales. Ils devront probablement faire un peu de mosaïque pour découvrir que l'une est bien plus grande que l'autre. De-

mandez-leur pourquoi, en rappelant qu'ils ont ajouté des cartons jaunes (ou rouges, ou bleus, selon la couleur employée) d'un côté. Ce travail sera facilité par les perforations qui permettront de déformer et redistribuer les aires à volonté.

Laissez les enfants manipuler. Il est capital pour eux d'être intimement persuadés que si le nombre de cartons jaunes est identique, le reste le sera aussi.

LES FAKIRS

MATÉRIEL:
- *planchette cloutée quadrillée*
- *élastique*
- *marteau*

Sur une planchette, dessinez un quadrillage régulier en formant des carrés de 5 cm X 5 cm. Réservez à l'enfant le plaisir d'enfoncer les clous aux endroits indiqués, c'est-à-dire aux intersections des lignes du quadrillage. Reproduisez la planchette sur un tableau ou une feuille, dessinez-y une forme et invitez l'enfant à la reproduire en tendant l'élastique autour des clous. Il pourra ainsi mesurer l'aire de cette forme en comptant le nombre de carrés qu'elle couvre. Introduisez ensuite un passage sur la diagonale du carré (figure 1) et demandez à l'enfant de mesurer.

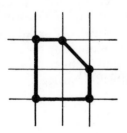

Figure 1

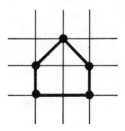

Figure 2

Aidez-le à évaluer la fraction: la ligne passe directement au milieu; il s'agit donc d'une moitié de carré. Faites ensuite un dessin semblable à la figure 2. On compte d'abord les carrés complétés, puis les moitiés; l'enfant devrait comprendre sans difficulté que deux moitiés de carré donnent un carré complet. Ces planchettes vous permettront de faire plusieurs jeux, en variant les formes et les grandeurs. Terminez votre série de figures avec un octogone régulier.

Notez bien que nous n'avons pas suggéré de quadriller la planchette au centimètre carré: on ne pourrait pas y planter un clou sans difficultés. Si vous le jugez nécessaire, faites mesurer l'aire du carré de base (25 cm²) de la planchette pour éviter une confusion. Au besoin, parlez « d'unités de planchette » pour distinguer les carrés se trouvant sur la planchette et les carrés d'un centimètre de côté quand il s'agira d'exprimer les mesures. Il serait bon que l'enfant note ces mesures, sans oublier d'inscrire l'unité appropriée.

LA QUADRATURE DU CERCLE

MATÉRIEL:
- *carrés de 1 cm²*
- *cercles de 100 cm² (cercle dont le rayon est de 5.64 cm)*
- *carrés de 100 cm²*
- *parallélogrammes de 100 cm²*
- *ciseaux, colle*

Taillez sur du carton le matériel requis. Donnez les formes à l'enfant en lui demandant de les comparer et de vous dire si l'une est plus grande que l'autre. Cela fait, proposez de vérifier les affirmations. Mettez le carré sur le parallélogramme ou sur le cercle pour démontrer que le recouvrement n'est pas possible directement. Quelle solution l'enfant propose-t-il? On précisera qu'il faut découper les carrés pour rapiécer le cercle avec les morceaux. Assurez-vous, en faisant une première coupe, que l'enfant est cer-tain que cette opération ne modifie pas l'aire du carré; demandez-lui alors de découper le parallélogramme pour recouvrir le carré et ensuite, le carré pour recouvrir le cercle. On verra ainsi que l'aire des trois formes est identique. Au besoin, l'enfant utilisera de la colle, si les morceaux deviennent trop petits pour rester en place.

Au milieu ou à la fin de cet exercice, faites comparer le carré à un carton quadrillé en centimètres carrés. L'enfant devrait noter et mémoriser l'aire du carré en centimètres carrés. Aidez-le ensuite à conclure que puisque les trois figures ont la même aire, elles mesurent toutes 100 cm². Au besoin, invitez l'enfant à comparer directement le cercle avec les centimètres carrés en employant de la colle au besoin. Qu'il commence avec cent petits carrés; au terme de l'opération, il s'apercevra qu'il ne lui en reste aucun.

MESURONS, PUISQU'IL LE FAUT!

MATÉRIEL:
- *cartons quadrillés en cm²
  (qu'il est possible de
  découper)*
- *objets divers*
- *acétate quadrillé et crayons à
  acétate (encre délébile)*
- *feuille d'acétate quadrillée et
  crayon à encre indélébile*

Demandez aux enfants de mesurer l'aire de plusieurs objets de formes irrégulières. D'abord ils utilisent le plus grand nombre possible de carrés entiers, puis ils cachent ce qui dépasse avec des morceaux de carrés, en comptant le nombre de carrés utilisés. Pour leur faciliter la tâche quand les aires sont un peu grandes, amenez-les à compter en centaines à l'aide de blocs carrés de dix centimètres de côté (il s'agit de décimètres carrés, mais ce n'est pas utile de le mentionner; soulignez-le si les enfants en parlent ou vous posent la question). N'oubliez surtout pas de remarquer que l'aire mesurée est une propriété permanente de l'objet et non quelque chose qui lui est « ajouté » par la présence des petits carrés. Cette façon de procéder a l'avantage de justifier des décomptes de nombres assez grands. Vous pouvez en profiter pour exercer des additions et des soustractions de nombres qui dépassent la centaine. Quand les enfants sauront manier les petits carrés, proposez-leur d'utiliser des acétates[1] quadrillés. On les pose sur l'objet et on dessine ses contours. Pour l'évaluation, on compte les carrés et les morceaux de carrés. La difficulté supplémentaire introduite à ce stade réside dans le grand nombre de fractions à évaluer sur le pourtour. En premier, utilisez l'acétate avec des formes ou des objets dont les dimensions sont des nombres entiers, puis donnez des formes qui demandent l'usage des demies. Incitez les enfants à faire des « complets » avec des morceaux qu'ils ne peuvent transporter. Pour cela, on choisit une fraction de carré et on cherche dans les autres fractions un morceau qui la compléterait. Lorsqu'on a trouvé, on marque, par exemple en coloriant, les deux morceaux utilisés. Quand on a épuisé les fractions, on les compte toutes et on donne la réponse en centimètres carrés plus un petit morceau, ou un gros si c'est le cas. Une fois la mesure terminée, on efface les traits sur l'acétate et on passe à autre chose.

Si vous croyez qu'au début les enfants auront des difficultés à assimiler cette procédure, effectuez quelques mesures devant eux.

---

1. Les feuilles d'acétate transparent s'achètent dans les papeteries et dans les magasins d'articles de bureau. Les plus courantes sont les feuilles doubles pliées servant à protéger les documents. Il suffit de séparer les deux moitiés pour s'en servir.

Il faut souligner que cette procédure aboutit à des approximations. Les enfants n'obtiendront jamais exactement les mêmes réponses; il n'existe pas de «bonne» réponse, seulement de meilleures approximations. Il ne faut donc pas insister pour qu'ils obtiennent une mesure précise. Gardez-vous autour de l'aire exacte un intervalle d'«acceptabilité» qui sera d'autant plus grand que le nombre de fractions à évaluer sera grand. Pour graduer les difficultés, commencez avec des aires de six à sept cm^2 et augmentez à mesure que les enfants sont plus habiles.

LE MÈTRE CARRÉ

MATÉRIEL:
· papier brun d'emballage (deux
  ou trois mètres carrés)
· mètre de bois
· ruban à masquer pour
  marquer les aires à mesurer

Proposez à l'enfant de mesurer l'aire du plancher de la pièce où vous vous trouvez. La perspective de la couvrir de centimètres carrés ne l'enchantera pas et vous non plus à la simple pensée de voir le sol jonché d'un million de petits papiers (qu'il faudra ramasser). Incitez l'enfant à découvrir une autre procédure. Proposez-lui de se fabriquer une grande unité d'aire avec le mètre, en découpant dans le papier d'emballage quelques aires d'un mètre carré. Laissez-lui le soin de baptiser cette nouvelle unité. Faites mesurer ensuite l'aire du plancher. Dites à l'enfant de déplacer ses unités en comptant soigneusement et en notant au fur et à mesure les aires mesurées, pour ne pas utiliser la technique du recouvrement total. Comme il restera probablement une aire, faites découper un de vos mètres carrés par l'enfant pour compléter la procédure en évaluant le reste avec des centimètres carrés. La procédure finale devrait permettre de déterminer l'aire en mètres carrés et en centimètres carrés. N'essayez pas, cependant, de faire trouver le rapport entre ces unités et contentez-vous de la réponse mixte.

QUAND L'AIRE CHANGE...

MATÉRIEL:
· *objets de la maison*

Dans cette description, nous esquissons plusieurs suggestions de jeux que vous pourrez employer en les complétant. Utilisez-en plusieurs. La dernière sera particulièrement pratique si vous désirez apprendre à l'enfant à mesurer de petites aires en millimètres carrés à l'aide du papier millimétré. Reprenez exactement la procédure proposée pour le centimètre carré dans le jeu précédant, mais n'essayez pas de montrer les rapports existant entre mm² et cm². S'il en éprouve le besoin et le découvre lui-même, tant mieux, mais ne forcez pas les choses.

● Mesurer les variations de l'aire lumineuse produite par un projecteur quand on change l'appa-reil de place. Cet exemple est pratique car il permet de travailler sur des aires très petites quand le projecteur est près du mur et de très grandes quand on l'éloigne.

● Les ombres sur un mur quand la source d'ombre se déplace (l'enfant, par exemple, ou une partie de son corps). Faites placer une source lumineuse à quelque distance du mur et des papiers sur celui-ci. On pourra tracer le contour de l'ombre et mesurer après. Si vous êtes seul avec l'enfant, placez-vous devant la lumière et faites-lui tracer votre ombre.

● L'ombre d'un objet sur le mur au cours de la journée.

● L'aire du dessin sur un

ballon qu'on gonfle. Si vous n'avez pas de ballon avec des dessins, donnez des ballons unis à l'enfant et dites-lui d'y tracer ses propres dessins avec des crayons feutre.

● L'aire de la pupille d'un chat ou d'un enfant, qui se dilate dans l'ombre et se rétrécit quand on éclaire l'oeil avec une lampe de poche. Donnez à l'enfant l'occasion d'observer ce phénomène et faites ensuite dessiner les aires sur du papier millimétré, pour les mesurer après coup. Soulignez, si vous le pouvez, la différence de forme entre les pupilles. La pupille de Farine, le chat de mon fils, se réduit à une mince ligne verticale quand on éclaire son oeil avec une lampe de poche, même si dans le noir, sa pupille est circulaire et très ouverte comme la vôtre. Vous pourriez à cette occasion lancer une discussion sur la question de savoir si les chats sont nocturnes ou diurnes et s'ils voient dans le noir. L'enfant aura alors l'occasion de faire part de son expérience avec les animaux familiers. Autant que possible, amenez un chat chez vous si vous n'en possédez pas un et laissez l'enfant l'examiner. Mettez une lampe de poche près des yeux pour examiner le réflexe de la pupille. Choisissez une bête patiente!

4 TIRE-POUSSE

Nous vous proposons ici d'amener l'enfant à décrire des forces par leurs effets sur des objets déformables. Deux idées importantes seront introduites. On constatera d'abord qu'un élastique ou un ressort (objets déformables) déformés exercent une force qui se fait sentir aussi longtemps que dure la déformation qu'elle a causée. Ensuite, on constatera que cette force est d'autant plus grande que la déformation est imposante.

Nous associons tous le mot force à notre sensation d'effort musculaire. Un des objectifs de cette série de jeux est d'habituer l'enfant à étendre ce concept à des objets et à se les représenter en train d'exercer une force. Il faudra prêter une attention spéciale au sens de la phrase: « Pierre est plus fort que la brique. » Nous associons habituellement la force d'un être humain à la plus grande force qu'il peut exercer, et non à celle qu'il exerce à un instant précis. C'est ce second sens qui sera utilisé. Le premier jeu est à cet égard particulièrement important. Il s'agit de souligner le fait que lorsque deux corps exercent des forces en sens contraire, l'effet est le même que si elles n'en exerçaient aucune.

Laissez aux enfants du temps pour manipuler le matériel, tirer sur les ressorts et charger le dynamomètre. Les concepts de ce chapitre sont relativement difficiles. Il est important que les enfants disposent du temps nécessaire pour les assimiler. Donc, prenez votre temps! D'autant plus que ces jeux ont beaucoup de succès auprès des enfants... et de plusieurs adultes!

OH... HISSE!

MATÉRIEL:
· corde ou câble

Organisez un jeu de souque à la corde avec les enfants. Dans ce jeu, deux équipes tirent en sens contraire sur un câble et l'équipe qui réussit à entraîner l'autre est la gagnante. Lorsque tous les enfants ont essayé, il s'agit de réfléchir avec eux sur la signification de ce qui se passe. Utilisez un tableau ou un grand carton et dessinez-y un gros garçon musclé jouant contre un petit maigre. Demandez aux enfants ce qui se passera. Lequel des deux semble le plus fort? De quel côté le câble partira-t-il? Insistez sur le fait que le câble sera mis en mouvement du côté de la plus grande force. Au besoin, représentez la force exercée par le gros garçon par une grande flèche et celle exercée par le petit par une flèche plus petite.

Remplacez ensuite le petit par un gros semblable au premier et dessinez ostensiblement des flèches de grandeur égale en demandant ce qui va se passer. On devrait vous répondre que le câble ne bougera pas puisque les deux garçons tirent aussi fort l'un que l'autre. Au besoin, simulez l'expérience avec un câble et deux enfants manifestement d'égale force. Insistez sur le fait que même si le câble ne bouge pas les deux concurrents forcent autant l'un que l'autre. Demandez ensuite ce qui arriverait si l'un des deux concurrents cessait de forcer, en lâchant la câble par exemple. Qu'arriverait-il au câble et au garçon qui continue de forcer? Faites faire des prédictions et l'expérience. Il vaudrait mieux que vous vous trouviez à ce moment derrière le garçon accroché au câble pour freiner son atterrissage. Remarquez ce qui s'est passé: lorsque l'un a cessé de forcer, le câble et l'enfant se sont mis en mouvement avec les résultats qu'on a vus. Symbolisez l'expérience avec des flèches pour représenter les forces.

Quand tout ce qui précède sera bien compris, dessinez une situation où un garçon tire contre un mur auquel le câble est attaché. Demandez qui va gagner. Si les enfants disent que ce sera le mur, rappelez-leur que le gagnant entraîne le perdant et que le mur ne le fait pas. Au besoin, essayez avec un enfant. Si on vous répond que ce sera le garçon, utilisez le même argument (qui reste valable à moins que le mur ne s'écroule). Lorsqu'on aura conclu que ce sera une partie nulle, essayez de représenter avec eux les forces en présence. Est-ce que le garçon force? Oui. Le mur force-t-il? Si on vous répond « non », rappelez ce qui se passe quand un des concurrents cesse de forcer pendant que l'autre continue. Au besoin, faites l'expérience en demandant à quelqu'un de faire en sorte que le mur cesse de forcer. Il faudra, soit détacher le câble, soit l'attacher au mur avec une ficelle que l'on pourra couper.

N'oubliez pas de freiner l'atterrissage du malheureux (qui devrait d'ailleurs commencer à se méfier, de toute évidence) et concluez en disant que le mur devait certainement forcer avant pour qu'il y ait partie nulle.

Mettez une brique ou un poids de ce genre dans la main d'un enfant. En adressant des questions aux autres, faites-leur comprendre que l'enfant est aussi fort que la brique; par exemple: « Pierre est au moins aussi fort que la brique puisque ni lui ni elle ne bougent » ou « La brique pousse sur la main de Pierre, mais il peut la tenir; il est donc au moins aussi fort que la brique. » Dessinez ensuite le schéma suivant:

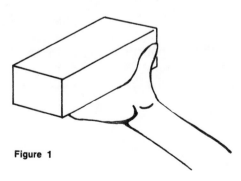

Figure 1

Montrez clairement que la brique pousse la main de Pierre tandis que sa main pousse sur la brique. Amenez les enfants à conclure que ni l'une ni l'autre ne bougent, par conséquent, Pierre pousse aussi fort que la brique.

Poursuivez l'expérience en ajoutant une autre brique dans la main de l'enfant et questionnez les autres: « Pierre est-il aussi fort que deux briques?... trois briques? »

Lorsque l'enfant ne pourra plus soutenir le nombre de briques que vous lui avez données, les autres pourront formuler l'affirmation suivante: « Si les briques ajoutent « leurs forces » une à une, Pierre ne peut plus les supporter » ou « Pierre n'est pas aussi fort que « n » briques ».

Essayez de faire ressortir les points suivants:

a. si Pierre force plus fort que la brique, la brique remonte;
b. si les briques forcent plus fort que la main de Pierre, sa main descend;
c. si Pierre et les briques déploient la même force, rien ne bouge.

L'ÉQUILIBRE DES FORCES

MATÉRIEL:
· *objets de la maison*

Placez un crayon sur une table et affirmez: « La table est aussi forte que le crayon; le crayon pousse (force) sur la table, la preuve, c'est que s'il n'y a pas de table, le crayon continuera de tomber. » Laissez l'enfant s'amuser à vérifier cette affirmation, même si cela semble plutôt idiot de prime abord.

Répétez vous-même l'expérience en employant d'autres objets. Utilisez un objet de verre (cendrier) pour ajouter un peu de « suspense » à votre affaire.

Tenez toujours avec l'enfant les deux raisonnements suivants: « l'objet pousse », « la table pousse ».

Il est très important de présenter constamment à l'enfant ces deux raisonnements inverses. Multipliez les exemples afin de l'habituer à cette façon de penser. Utilisez souvent un tableau ou une feuille pour y tracer des schémas dont voici un exemple:

Figure 1

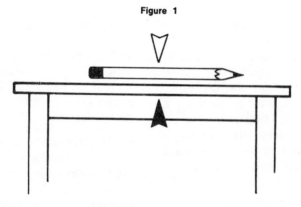

Demandez à l'enfant d'exprimer des situations diverses en termes de « forces ».

Par exemple, vous pourriez monter sur la table et faire exprimer l'équilibre par l'enfant: « Je suis lourd(e) donc j'exerce une force sur la table; mais si rien ne bouge, c'est que nous forçons d'une manière égale. » N'oubliez pas de dessiner au tableau le schéma de l'équilibre.

Puis demandez: « Si je remplace la personne sur la table par un camion-citerne, est-ce que les forces seront égales? » L'enfant dira probablement que la table n'est pas de force égale et qu'elle s'écraserait sous le poids. « Une grue mécanique? un wagon? une poupée? »

Proposez-lui l'expérience que nous allons décrire, sans jamais négliger de lui faire exprimer l'équilibre des forces.

Placez un carton rigide entre deux meubles de hauteur identique (voir figure 2). Posez-y du poids (objets divers) jusqu'à ce qu'il commence à plier. Faites ressortir que l'objet, pendant un temps, a « forcé » plus fort que le carton. Signalez à l'enfant que même si le carton est arrondi, les deux éléments sont redevenus d'égale force puisqu'ils ne bougent plus. Si l'enfant a de la difficulté, faites l'expérience suivante: placez une brique (ou un objet de poids équivalent) dans chacune des mains de l'enfant. Ses mains descendront mais, peu après, tout sera rentré dans l'ordre. Les briques auront été plus fortes que l'enfant pendant un petit bout de temps mais ce der-nier se sera ensuite placé autrement pour mieux for-cer et aura rétabli l'équili-bre.

Figure 2

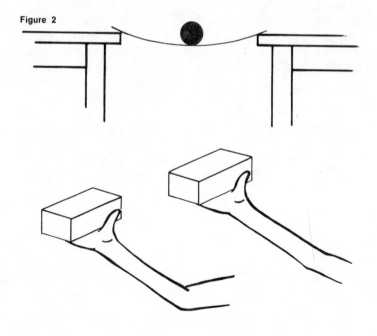

DYNAMOMÈTRE

MATÉRIEL:
- *un ressort à boudin*
- *objets divers*
- *règle de 30 cm*

Proposez à l'enfant d'évaluer les forces de différents objets et demandez-lui s'il est possible de le faire à l'aide d'un ressort.

Donnez un ressort à l'enfant et laissez-le s'amuser à l'étirer en y accrochant différents objets. S'il n'en possède pas déjà, munissez le ressort de crochets (à chaque bout) en déformant l'une des spires ou en y ajoutant un fil de fer recourbé.

Amenez l'enfant à décrire l'accroissement de la longueur du ressort quand il supporte un objet, en parlant de l'équilibre des forces: « La tasse pousse vers le bas; le ressort tire vers le haut; rien ne bouge, donc les deux forces s'équivalent ».

N'oubliez cependant pas de faire comprendre à l'enfant qu'il y a eu mouvement lorsqu'on a placé l'objet à l'extrémité du ressort car, à ce moment-là, l'objet forçait plus sur le ressort. Ce n'est que lorsque le système est immobile que l'on a un équilibre des forces.

Reprenez l'expérience en employant plusieurs autres objets et faites remarquer à l'enfant que plus l'objet est lourd plus la longueur du ressort est grande lorsqu'il atteint le point d'équilibre. Il est donc possible de comparer des forces au moyen d'un ressort.

N'abordez pas cependant tout de suite les unités de poids. Utiliser des unités arbitraires. Insistez pour que l'enfant mesure l'allongement avec la règle. Il pourrait écrire le nom de l'objet sur une feuille et inscrire à côté le poids en « centimètres de ressort ».

5 EMPILAGE[1]

La mémoire étant ce qu'elle est, l'homme a pris conscience de l'importance d'enregistrer ce dont il voulait se souvenir et les messages qu'il entendait transmettre. L'homme de science, ayant besoin du maximum de précision, a évidemment été obligé d'imaginer des moyens sûrs pour enregistrer et communiquer des informations découvertes ou utilisées.

Parmi ces outils, l'histogramme est l'un des plus répandus. Il est donc important que les enfants apprennent le plus tôt possible à l'employer. Très vite ils se rendront compte de son utilité et de sa commodité, même s'ils ne s'orientent pas vers l'étude des sciences.

Les histogrammes se présentent habituellement sous la forme d'une série de colonnes: des rectangles dont les bases sont placées sur la même ligne. Chacun représente une certaine quantité. Les histogrammes permettent de représenter et de comparer des qualités indépendantes des unes des autres (qualités appelées « discontinues »). Les histogrammes sont souvent employés pour illustrer des articles de journaux et vous en avez sûrement rencontré ailleurs. Voici maintenant quelques exemples d'histogrammes portant sur des situations de la vie quotidienne.

---

1. Canadianisme pour empilade

Premier exemple: Distribution des biscuits d'un assortiment selon certaines saveurs

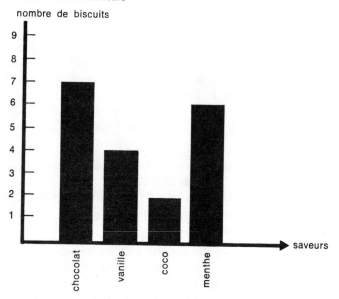

nombre de biscuits

Il est important de souligner aux enfants, du moins en commençant, l'utilité de représenter ainsi des données. L'enfant ne doit pas « faire des colonnes » juste pour vous plaire. Il faut qu'il réalise que l'histogramme facilite la communication. Ne prenez pas les choses trop à coeur non plus: l'enfant ne doit pas détester l'histogramme. Une fois qu'il aura maîtrisé la technique de base, essayez de saisir dans la vie quotidienne les occasions où il serait amusant de bâtir des histogrammes. Les enfants aiment souvent les

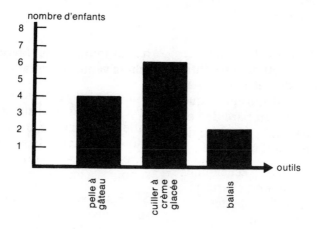

Deuxième exemple: Histogramme du nombre d'enfants ayant utilisé certains outils pendant la journée

« enquêtes ». Ils s'intéressent aussi à différentes recherches où il faut connaître des quantités; par exemple, ils aimeraient sans doute savoir combien de camions, d'autos et de motocyclettes passent dans la rue pendant une heure; quelles sont les couleurs les plus fréquentes pour différentes choses.

Les jeux suivants vous donneront quelques idées, mais vous en trouverez bien d'autres. Mettez-les à profit!

POUR BÂTIR UN HISTOGRAMME

MATÉRIEL:
- *une grande feuille de papier quadrillé en centimètres carrés (1 mètre par 1 mètre)*
- *objets utilitaires de la maison*

Proposez à votre enfant de faire une étude sur l'utilisation de certains appareils ou dispositifs, que l'on trouve au parc de votre quartier par exemple ou dans votre maison.

Vous pouvez échelonner l'étude sur une courte période (trente minutes) ou sur une période plus longue (quelques heures, un après-midi ou peut-être une journée complète). Connaissant votre enfant, vous saurez évaluer la durée idéale. Il s'agit d'un jeu, ne l'oubliez pas. Il doit intéresser l'enfant jusqu'au bout et ne pas l'ennuyer.

Choisissez votre moment. À la maison, les heures où toute la famille est présente et active sont les meilleures. Au parc, préfé-rez les journées qui favorisent la venue des enfants.

Commencez par dresser avec l'enfant la liste des différents services du lieu choisi: abreuvoir, bancs du parc, paniers à ordures, supports à bicyclettes.

Si l'étude se fait à la maison: cuisinière, réfrigérateur, bouilloire, robinets de l'évier, poubelle. Demandez à l'enfant de surveiller ces services et de compter le nombre de personnes qui l'utilisent pendant la période fixée. Lorsqu'il aura tous ses résultats, demandez-lui comment il pourrait présenter un rapport sur ces utilisations.

Apprenez-lui comment bâtir un histogramme. Tracez les deux axes. Expliquez-lui que sur une des lignes, on représente ce que l'on veut noter sur un ensemble quelconque et sur l'autre, les éléments de cet ensemble. Ainsi, sur la verticale devrait figurer le nombre de personnes soumises à l'expérience (soit tous ceux qui étaient présents à la maison ou au parc) et sur l'horizontal les

objets sur lesquels portait l'étude.

Aidez l'enfant à placer ses résultats. Discutez avec lui et posez des questions sur les hauteurs des colonnes; voyez si l'enfant peut interpréter l'histogramme. Insistez pour qu'il compare, distingue et interprète toutes ces colonnes.

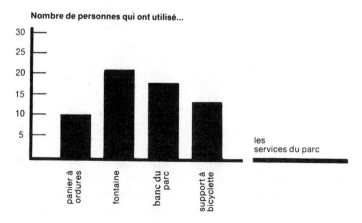

LE RESTAURATEUR

MATÉRIEL:
· grande feuille de papier
  quadrillé en cm² (1m X 1m)
· feuilles quadrillées en cm² (30
  X 20 cm)

Profitez de la présence des amis de votre enfant pour suggérer le jeu suivant.

Racontez-leur d'abord qu'un restaurateur doit préparer et acheter les aliments servis à ses clients dans la journée. Que choisirait-il s'il devait nourrir votre groupe aujourd'hui? On vous apportera des réponses qui découleront moins d'une étude scientifique de la question que de la fantaisie personnelle.

Proposez alors aux enfants d'analyser la popularité dont jouissent différents aliments à l'intérieur de leur groupe. Sélectionnez quelques aliments très populaires chez les enfants, d'autres moins et enfin certains peu en faveur. Dites-leur que cette étude pourrait servir à tous pour préparer leur menu préféré.

Inscrivez sur un tableau le nom de l'aliment, par exemple: tarte au citron. Demandez aux enfants de vous dire s'ils en ont mangé une fois. Comptez ou faites compter les enfants et notez le résultat.

Recommencez l'opération en utilisant d'autres aliments: sucre d'érable, pomme de terre, épinards, carottes, etc.

Demandez ensuite comment présenter l'étude plus clairement, amenez les participants à préparer un histogramme. Si votre enfant est le seul à avoir participé au jeu précédent, répétez, au profit des autres, les explications déjà données. Dans le cas contraire, demandez-leur cette fois comment faire un histogramme.

Amenez-les ensuite à déceler « la chose que l'on veut savoir » sur tous ces aliments. Arrangez-vous pour qu'ils disent que l'étude porte sur le « nombre d'enfants qui ont mangé, au moins une fois, l'un ou l'autre des aliments proposés. »

Voyez à ce qu'ils placent correctement les chiffres sur l'axe vertical. Surveillez les espaces: ils doivent être suffisamment et régulièrement distancés. Établissez une échelle correspondant au nombre d'enfants participant au jeu. Si par exemple, il y a cinq participants, il serait inutile d'avoir une échelle couvrant une zone supérieure à « 0 » à « 5 » enfants.

Laissez ensuite distribuer les noms d'aliments sur l'axe horizontal. Chargez différents joueurs de tracer les colonnes. Corrigez ensuite avec eux. Faites-leur comparer les colonnes. Il serait préférable que chaque participant ait en main un histogramme bien que ce dernier soit conçu et pensé collectivement.

Complément du jeu

Ce jeu sur les aliments peut être amené afin de préparer un menu pour le groupe. Le menu devra ensuite réellement servir lors d'une occasion: fête, pique-nique, etc. Faites un premier histogramme sans aucune publicité préalable.

Ensuite, les enfants disposeront d'une certaine période pour tâcher de faire valoir aux autres la valeur de tel ou tel aliment. Des groupes peuvent être formés pour chacun des aliments si le nombre d'enfants le permet.

Lorsque la période de publicité sera terminée, on fera un nouvel histogramme. Les enfants suivront de près le travail afin de voir si leur publicité a été fructueuse!

DE QUELLE COULEUR S'HABILLE-T- ON?

MATÉRIEL:
· *papier quadrillé en cm² (1 m X 1 m)*
· *feuilles de papier quadrillé en cm² (30 X 20 cm)*

Afin de varier la forme du jeu, proposez une enquête sur les couleurs des vêtements portés par les participants, votre enfant et ses camarades (ou s'il est seul, par les membres de votre famille ou par un groupe de personnes qu'il peut observer au parc ou dans la rue, par exemple.) « Voyons combien de personnes portent du rouge aujourd'hui? » Vous pouvez ensuite en faire la compilation et, immédiatement la représenter par un histogramme. Demandez ensuite au(x) joueur(s) de recommencer lui-même (eux-mêmes) cette opération, en étudiant une autre couleur. Retirez-vous peu à peu afin que les participants arrivent à construire seuls les colonnes de l'histogramme. À ce stade, on devrait pouvoir bâtir son propre histogramme moyennant une aide individuelle et occasionnelle de votre part.

LES ENQUÊTEURS

MATÉRIEL:
· *feuilles de papier quadrillé
en cm² (30 X 20 cm)*

Suggérez à l'enfant quelques sujets d'enquête, par exemple: « Quel est ton joueur de hockey préféré dans telle équipe?» ou encore: le sport, l'émission de télé, la chanson, la saison, l'animal. Rappelez-vous que certains sujets d'enquête offrent un éventail de possibilités assez large. Dans ce cas, des émissions de télévision par exemple, l'enfant devra se limiter à faire choisir entre cinq titres qu'il aura au préalable déterminés. Les sujets interrogés pourront être des amis, des frères et soeurs, des parents etc. Vraisemblablement l'enfant se piquera au jeu: ne vit-il pas au siècle des statistiques et des enquê-

tes? Guidez votre enfant, si nécessaire, en restreignant son échantillonnage.

Une fois l'histogramme complété et les axes clairement identifiés, il serait intéressant, voire très utile, de l'échanger avec celui d'un autre enfant qui aura mené une enquête différente. Les deux enfants concernés auraient ainsi l'occasion de lire et d'interpréter des histogrammes qu'ils n'ont pas bâtis. Ils recueilleront là des informations sur des sujets nouveaux. Ils devront alors se livrer au travail inverse habituel, c'est-à-dire exprimer par des mots ce qu'ils lisent sur les axes.

6 REGROUPEMENT

Vous l'avez sûrement remarqué: les êtres vivants sont sans doute l'un des plus puissants intérêts des enfants.

Ils n'ont cependant pas toujours conscience de ce qui est vivant et ce qui ne l'est pas. Ainsi, les jeunes enfants attribuent la vie à ce qui leur ressemble. Ainsi, les avions bougent: ils sont donc vivants; les plantes, par contre, ne changent pas (pour les capacités de perception des enfants) et sont considérées sans vie comme les pierres. Ces attitudes changent assez tôt et des critères plus complexes (et parfois assez surprenants) servent bientôt de base aux enfants pour classer ce qui vit et ce qui ne vit pas.

Les critères simples que nous avons choisis pour déterminer si un être vit ou non sont les suivants: les êtres vivants croissent et se nourrissent. Les êtres vivants se reproduisent. Ces fonctions s'appliquent aux plantes et aux animaux et sont accessibles à tous les enfants.

Cette série de jeux est basée sur l'étude des êtres vivants et a pour objectif de développer d'une part, le sens de l'observation et d'autre part, les capacités à réunir et à communiquer des informations sur un milieu.

Si vos enfants différencient facilement les êtres vivants des autres, laissez de côté le premier jeu de cette série. Mais s'il ne fait pas aisément cette différence (ou que vous voulez être assuré qu'il la fasse), je vous conseille de commencer par ce jeu intitulé *« Être ou ne pas être... vivant! »*, avant de passer au reste de la série.

ÊTRE OU NE PAS ÊTRE... VIVANT!

MATÉRIEL:
· *aucun*

La première étape de ce jeu consiste à établir ce qui est vivant et ce qui ne l'est pas. Pour introduire cette notion demandez à l'enfant de compter les êtres vivants qu'il voit dans la maison (ou dans la cour) et d'inscrire le nombre trouvé sur un papier. Peut-être pensera-t-il à compter les poissons de l'aquarium ou les plantes vertes. Laissez-lui quelques minutes puis invitez-le à vous dire le nombre trouvé en s'expliquant. Assurez-vous que les êtres comptés sont bien tous vivants et que même la mouche égarée dans la chambre n'a pas été oubliée. À l'occasion de la discussion, vous introduirez la notion d'inerte et de vivant puis celle des trois règnes: minéral, végétal et animal. Parmi les êtres vivants, il y a les végétaux et les animaux. Étendez-vous sur le sujet jusqu'à ce que l'enfant sache classer dans un des trois règnes les objets qui l'entourent. Il arrivera que vous devrez employer le terme « inerte », car les tables de bois ne sont pas vivantes bien que d'origine végétale.

LES JEUNES BOTANISTES

MATÉRIEL:
· loupe et boîtes pour les
  échantillons
· un terrain où se trouvent
  plusieurs espèces de
  végétaux, mais en quantités
  limitées. Un terrain vague,
  assez rocailleux conviendrait
  bien.
· plusieurs échantillons de

végétaux provenant de
plantes de maison et de
plantes d'extérieur
accessibles aux enfants
· quelques échantillons de
  champignons, de mousse et
  de lichens, si c'est possible
· petite bêche

Si la température s'y prête, pourquoi ne suggéreriez-vous pas à votre enfant une excursion. Proposez-lui d'amener des amis. Réunissez les enfants et préparez votre excursion.

Demandez-leur de se souvenir de toutes les plantes qu'ils connaissent et dites-leur que vous voulez les classer en familles. Il ne sera évidemment pas question des cryptogames et des phanérogames. Vous vous en tiendrez à des familles plus empiriques, surtout fondées sur la conformation et l'apparence extérieure. Proposez une première catégorie: les plantes qui ont du vert et celles qui n'en ont pas. À l'appui de vos familles, sortez vos champignons[1] et demandez aux enfants de les examiner pour vérifier qu'on n'y rencontre aucune trace de vert. Concentrez ensuite votre attention sur les plantes vertes et proposez de diviser cette grande catégorie en deux autres: les plantes qui ont des parties distinctes (feuilles, tiges et racines) et

---

1. Une boîte de champignons comestibles.

celles qui n'en ont pas. Divisez-les encore en plantes qui poussent pendant plusieurs années et qui font du bois, et en plantes qui naissent au printemps d'une graine ou d'une racine, et dont la tige se dessèche et meurt en hiver. Ces deux classes pourraient recevoir deux sous-classes:

« annuelles »
● à feuille longue, mince et sans dents
● à feuille plus courte, ronde ou dentelée

« vivaces »
● à feuilles
● à aiguilles

---

1. N'oubliez pas que ces divisions ne correspondent pas nécessairement à des classifications botaniques. Elles sont faites pour que les enfants trouvent facilement des spécimens.

Il serait bon, quand vous exposez vos catégories, de montrer un membre de chaque « famille » et de lancer une discussion basée sur les expériences antérieures des enfants avec des plantes de l'une ou l'autre de ces catégories. Quand tout le monde sera prêt, divisez votre groupe en équipes chargées de trouver et de compter le nombre des membres de l'une ou l'autre famille sur le terrain choisi, ou sur une portion de celui-ci.

Pour que tout aille bien, il faudrait que vous visitiez le site à l'avance, pour vous assurer que plusieurs de vos catégories ont au moins quelques membres. Si certaines catégories ne se trouvent pas en assez grand nombre, c'est peu pratique d'essayer de les compter. Ce serait le cas si vous choisissez une aire gazonnée, par exemple. Si vous n'avez pas accès à autre chose, dites aux responsables d'une famille trop peuplée de prendre un terrain beaucoup plus petit que les autres que vous leur délimiterez.

Demandez à chaque équipe de ramener un exemplaire représentatif des membres de chaque famille, en précisant bien qu'il s'agit de ramener toute la plante, avec la plus grande partie possible de son système radiculaire et non d'arracher un vague bout de tige. Pour le groupe des arbres, il faudra se contenter de parties. Qu'on essaie d'en prendre sur la tige et sur les racines.

Pour les petites plantes, comme les herbes du gazon, la difficulté viendra de la détermination de ce qu'est un « individu ». Suggérez aux enfants de prélever soigneusement un carré de spécimen, de laisser sécher la terre pendant quelques temps et d'en séparer ensuite les plantes une à une en ne violentant pas trop les tiges et les racines[1]. Ramenez aussi des échantillons de plantes « douteuses », dont on précisera l'appartenance soit par un examen plus approfondi de la tige soit par une recherche dans une encyclopédie spécialisée.

---

1. Le nombre d'individus sera plus ou moins arbitraire, mais les enfants prendront conscience de ce qu'est un « individu », ce qui est finalement l'objectif principal.

De retour à la maison, demandez à chaque équipe de remettre un « rapport » donnant le nombre d'individus de chaque famille. Vous utiliserez ces nombres lors d'une activité subséquente. Ce jeu pourrait aussi servir de rappel pour la mesure des aires. Il suffit de préciser à chaque équipe qu'elle doit étudier une aire donnée, deux mètres carrés par exemple. Vous vous munirez alors de ce qu'il faut pour délimiter cette aire: un mètre et de la ficelle. Vous pourriez alors demander à chaque équipe de s'occuper de toutes les catégories de végétaux.

N'hésitez pas à faire cette expérience. Ce sera probablement pas nécessaire d'aller très loin et si vous l'avez préparée avec soin, l'excursion se fera sans aucune difficulté. Les enfants en tireront un profit réel et beaucoup de plaisir.

De retour de votre excursion, dites aux enfants qu'il serait intéressant d'informer leurs parents des résultats de leurs travaux. Comment pourrait-on leur présenter un rapport facilement compréhensible, pour montrer la grosseur des familles de plantes. Peuvent-ils suggérer un moyen? Ils penseront peut-être à un histogramme.

Proposez cette construction de toute façon. Vous pouvez commencer par un histogramme collectif et terminer avec un histogramme individuel. Représentez chaque famille par un nom ou un symbole approprié et assurez-vous que tous les enfants comprennent le sens et la portée de l'échelle. Quand les histogrammes seront terminés, les enfants les montreront à leurs parents. N'oubliez pas de demander aux enfants de relire les histogrammes au bout d'une certaine période de temps.

UNE VISITE AU JARDIN BOTANIQUE

MATÉRIEL:
· *beaucoup d'enthousiasme*
· *un véhicule*

Avez-vous déjà visité un jardin botanique? Peut-être y en a-t-il un près de chez vous? Emmenez-y votre enfant et ses amis. Celui de Montréal est un véritable chef-d'oeuvre créé par Marie-Victorin (1885-1944) qui fut un naturaliste canadien. On peut obtenir, aux dernières nouvelles, des visites guidées qui vous feront passer des cactus aux orchidées, avec arrêt aux fougères et aux mousses espagnoles, sans oublier les jardins extérieurs. Dites à votre guide de concentrer son attention et celle des enfants sur une ou deux espèces de plantes par famille et d'en décrire les caractéristiques essentielles. La serre que nos petits préfèrent est celle des cactées dont les longues épines et les for-

mes élancées sont une source d'émerveillements toujours renouvelés.

Au retour de la visite, revenez avec les enfants sur les principales espèces que vous avez vues en leur demandant de les dessiner. À défaut de Jardin Botanique, il y aurait peut-être une pépinière, ou une ferme expérimentale dont l'agronome ou le biologiste voudra bien accepter votre visite. Entendez-vous d'avance pour lui expliquer les objectifs de votre sortie. Dites-lui d'insister aussi sur les exemples de fonctions des vivants, nutrition, reproduction.

Si vous habitez aux environs d'une université, je vous rappelle que les facultés d'Agriculture ont habituellement plusieurs serres à leur disposition et des spécialistes qui sont toujours heureux de montrer leurs expériences. Profitez-en!

L'AQUARIUM

MATÉRIEL:
· *un aquarium*
· *papier graphique bien établi*

Pour intéresser votre enfant aux végétaux et animaux aquatiques, vous avez peut-être déjà songé à vous procurer un aquarium. Si vous n'avez pas encore mis votre projet à exécution, je vous encourage à le réaliser. L'aquarium est un milieu où plusieurs «familles» d'êtres vivants peuvent être représentées: on peut y placer des plantes et des animaux (des poissons et des mollusques). Si vous décidez de monter un aquarium ou si vous en possédez déjà un, il serait intéressant dans la perspective de ce jeu, qu'il comporte des espèces de poissons qui se reproduisent facilement, des guppies par exemple. Ainsi, votre jeune observateur aurait la chance d'assister à des fluctuations considérables de population. Les escargots sont aussi parfaits pour cela.

Votre aquarium étant établi, déterminez avec l'enfant des familles pour les êtres vivants de l'aquarium, et notez la population de chaque famille. Le décompte ne sera pas compliqué: cinq minutes par semaine suffiront amplement. Cependant, cette activité, pour être intéressante, devra être poursuivie pendant au moins quatre mois. Gardez au-dessus de l'aquarium l'histogramme hebdomadaire représentant la population des différentes familles et faites remarquer les changements. Les espèces les plus commodes à élever sont vivipares, mais elles ont l'habitude de dévorer les alevins sitôt nés. Vous devez donc placer les femelles dans un isoloir spécial lorsque la naissance est imminente (le temps de gestation est de 28 jours, mais la naissance de tous les alevins peut durer quelques jours). L'isoloir sépare automatiquement la mère de sa progéniture. On enlève ensuite la femelle et on laisse les petits jusqu'à ce qu'ils soient suffisamment gros pour ne pas servir de proie. Les plantes d'aquarium peuvent ainsi servir d'isoloir car leurs branches offrent un refuge où les adultes ne peuvent pénétrer.

Nourrissez les alevins en broyant finement la nourriture habituelle des adultes. Quand vous manipulez des poissons, prenez soin de ne pas les toucher. Rappelez-vous que ce qui pour vous est une légère poussée devient pour eux une force écrasane et que leurs organes internes peuvent être facilement endommagés même si rien ne paraît.

Les histogrammes qui représentent le nombre d'individus de chaque famille (figure 1) dans l'aquarium, à un temps donné, peuvent ensuite être utilisés pour représenter le nombre d'individus d'une famille donnée en fonction du temps (figure 2).

Pour éviter le phénomène représenté à la figure 2, soit une mortalité excessive pendant les vacances, prévoyez les soins à donner à l'aquarium pendant ce temps!

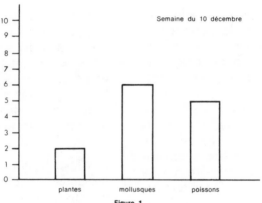

Figure 1

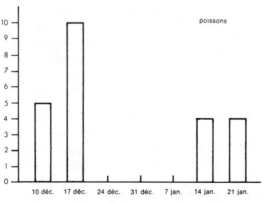

Figure 2

7 PLUS ÇA VA, PLUS ÇA SE RESSEMBLE

Pourquoi tant d'intérêt envers le changement? Si vous avez lu les autres volumes de « Touche à tout », vous avez sans doute remarqué que la question du changement nous préoccupait beaucoup. Cette insistance s'explique par le fait qu'au fond, toutes les explications « scientifiques » sont des explications de changement.

Dans cette série de jeux, nous tenterons de faire une synthèse des différentes techniques d'observation des changements, dans le but de les appliquer à un seul phénomène. Les descriptions suivantes sont de simples suggestions pour donner aux enfants des occasions de mettre en pratique leurs techniques d'observation. Choisissez celles s'adaptant le mieux à votre situation, à vos goûts et à ceux de votre enfant. Si vous constatez des lacunes, il serait bon de revenir aux jeux d'observation proposés dans les autres volumes de « Touche à tout » et de rétablir la situation. N'oubliez pas non plus d'amener les enfants à faire des mesures. Ils aiment ça et c'est extrêmement profitable pour eux.

SORS AU SOLEIL...

MATÉRIEL:
- *grands morceaux de papier (30 cm x 40 cm)*
- *chalumeaux ou baguettes droites*
- *plasticine*
- *rapporteurs circulaires*
- *gradués tous les dix degrés*
- *règles*
- *horloge ou montre*
- *thermomètres*
- *papier quadrillé au centimètre*

Choisissez une belle journée ensoleillée et proposez à votre enfant de faire un «jour d'observation du soleil». Si vous avez eu la précaution de discuter quelques jours avant des effets du soleil sur la planète, des cadrans solaires, de la lumière et de la chaleur, l'enfant verra tout de suite où vous voulez en venir.

Commencez par simuler le phénomène: avec une bougie et un chalumeau tenu verticalement, montrez à l'enfant ce qui arrive lorsque la source lumineuse se déplace autour du chalumeau: l'ombre projetée sur une feuille de papier se déplace et change de longueur. Demandez-lui ensuite de décrire ce changement et de le mesurer. Suggérez l'emploi d'une règle et d'un rapporteur d'angles. Demandez-lui quel est le moment le plus chaud de la journée: le matin ou le midi? Il devrait dire que midi est l'heure la plus chaude à condition qu'il n'y ait pas de nuages. Une fois les préparatifs terminés, passez à l'observation.

Sortez à l'extérieur et choisissez une aire bien dégagée. L'expérience devra être répétée cinq ou six fois au cours de la journée. Commencez le matin, aussitôt que possible et travaillez à intervalles réguliers. Munissez votre observateur d'une grande feuille de papier, d'un chalumeau, d'une boulette de plasticine, d'un morceau de craie, d'un crayon, et d'un thermomètre.

L'enfant placera son papier sur le sol, y posera le chalumeau dressé sur un socle de plasticine, dessinera le contour de l'ombre et notera l'heure (choisissez des heures pleines: cela vous facilitera les choses). En même temps, demandez à l'enfant de disposer son thermomètre sur le papier, en dehors de l'ombre et de noter la température. Complétez les observations en invitant l'enfant à décrire la nébulosité: Il indiquera si le soleil est caché et s'il y a plus ou moins la moitié du ciel de couvert.

Quand c'est terminé, dites à l'enfant d'ajouter sur la feuille l'endroit où étaient posés le chalumeau et son socle; il marquera ensuite sur le sol la position occupée par la feuille de papier en suivant le contour de celle-ci. De cette façon, vous continuerez l'expérience même si le matériel est déplacé pendant vos absences.

Le lendemain, vous pourrez commencer avec l'enfant une discussion sur la façon d'exploiter les données recueillies. Demandez-lui ce qu'il a observé et mesuré. Proposez de mettre ces mesures sur un seul tableau qui indiquerait l'heure et toutes les autres mesures.

heure	longueur	angle	température	nuages
13 : 00	20 cm	30°	8°	rien
14 : 00	10 cm	40°	6°	soleil un peu caché

Montrez comment exploiter ces mesures de la feuille d'observation et exécutez un modèle d'enregistrement. Cela terminé et si l'activité l'intéresse, faites transformer chacune des colonnes du tableau en un histogramme en fonction du temps. Discutez ensuite de la signification des observations: il fait plus chaud à midi, l'ombre des objets est plus longue le matin et le soir parce que le soleil est bas sur l'horizon.

Pour conclure, demandez à l'enfant ce qu'il pense de ce problème classique: la terre tourne-t-elle, ou est-ce le soleil qui tourne autour d'elle? Quand il aura donné son opinion, piquez un bâton dans une boule et montrez que l'effet sur l'ombre est le même, que ce soit la boule qui tourne ou que que la source lumineuse se déplace autour de la boule à distance constante. Vous pourriez mettre un terme à l'activité en racontant l'histoire de Copernic ou celle de Galilée en demandant à l'enfant de se renseigner sur ces hommes.

Si plusieurs enfants participent à ces observations, il faudra vérifier que tous les papiers soient orientés de façon identique de sorte que les mesures angulaires concordent. De plus, pour que chacun retrouve facilement sa feuille d'observation, demandez aux participants d'inscrire leur nom. Lorsque tous auront complété l'expérience, exposez les histogrammes et faites-les comparer.

TOUT COULE

MATÉRIEL:
· aucun

La vie est constituée de changements. Autour de vous tournent les rythmes des jours et des saisons, les gratte-ciel montent et les blés sont fauchés. Les enfants eux-mêmes grandissent et leurs cheveux poussent. Vous n'aurez aucune difficulté à susciter leur intérêt: ils le font de toute façon. Il suffit d'être plus systématique et constant qu'eux pour leur faire faire toutes sortes de découvertes intéressantes.

Observez avec eux et posez-leur des questions sur ce qui se modifie dans ce qu'on voit, ce qu'on entend, ce qu'on touche et ce que l'on sent. Il faut amener les enfants à utiliser leurs cinq sens pour observer les changements et les mesurer.

Demandez à votre enfant de décrire les changements qu'il a subi depuis sa naissance. Quelle était sa taille, que mangeait-il, que faisait-il à un an, trois ans, cinq ans, etc. Écrivez les caractéristiques au tableau et servez-vous de cela pour amener l'enfant à prendre conscience de la suite des états qu'il a occupés et de ce qui distingue le présent du passé. Il ne se souviendra pas de ses propres expériences mais il pourra les reconstruire à partir de ce qu'il voit. Invitez-le ensuite à prédire son avenir: comment va-t-il se transformer dans les années futures? Soulignez encore une fois les différences et les ressemblances.

8 SAVOIR, C'EST AUSSI PRÉVOIR!

Les hommes de science utilisent constamment la prédiction. Sans elle, nous serions privés d'une multitude de renseignements devenus essentiels à notre mode de vie: les prévisions météorologiques, les prévisions de chômage, les déplacements de population, l'évolution présumée des ventes, de l'utilisation de l'énergie, etc. Toutes ces prédictions permettent à la société de se préparer aux événements futurs et d'organiser les réajustements adéquats. La prédiction est donc un secteur important de l'activité scientifique, auquel ces jeux servent d'introduction.

Les résultats d'une prédiction sont évidemment moins certains que ceux d'une mesure ou d'une observation directe. Il ne s'agit cependant pas d'une devinette... ni d'une science occulte! Pour prédire scientifiquement, il faut avoir un certain nombre de données, entre lesquelles on établit une relation qui permet de connaître la façon dont une situation évoluera. Les prédictions que les enfants auront à faire dans ces jeux sont évidemment très simples. Vous aurez peut-être l'impression qu'ils se donnent bien du mal pour découvrir des évidences. Rappelez-vous cependant que vos enfants n'ont pas votre expérience; la solution des problèmes présentés est beaucoup moins facile à trouver pour eux que pour vous. Par ailleurs, ces jeux ont pour objet d'inculquer aux enfants un mode de comportement: une attitude « scientifique » face à la prévision d'un événement. Le résultat est donc moins important que la méthode employée.

Enfin, je vous signale que pour jouer, les enfants doivent savoir bâtir des histogrammes. S'ils ne l'ont pas déjà appris à l'école, vous devrez leur montrer comment le faire en vous référant au chapitre *Empilage* de ce livre.

Vous aurez besoin de papier quadrillé. Vous pouvez prendre le format ordinaire, ou encore préparer de grandes feuilles d'un mètre carré quadrillées au centimètre. Cette façon de procéder est très intéressante si plusieurs enfants participent. Vous pouvez aussi employer une feuille de contreplaqué ou de masonite peinte en vert, sur laquelle vous tracerez le quadrillage au crayon feutre et sur laquelle vous écrirez avec de la craie (ou tout simplement utilisez un vieux tableau). Ce travail vous évitera de recommencer souvent vos quadrillages et il en vaut la peine si votre enfant s'intéresse aux « jeux avec des colonnes ».

DES DOIGTS ET DES MAINS

MATÉRIEL:
· une feuille de papier quadrillé

Préparez un histogramme sur une feuille de papier quadrillé selon la figure 1.

Installez-vous avec votre enfant au bord d'une table et dites-lui de placer ses

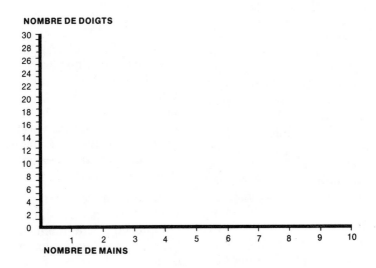

mains comme vous, côte à côte, les poings fermés. Dites-lui ensuite d'ouvrir une main et comptez avec lui le nombre de doigts ainsi apparus: 5! Inscrivez ce résultat sur l'histogramme. Ouvrez ensuite vous-même une main et comptez de nouveau le nombre de doigts (5 pour la sienne, 5 pour la vôtre) et inscrivez le résultat sur l'histogramme: 10. Demandez ensuite à l'enfant combien on verra de doigts si on ouvre une autre main. Précisez-lui de ne pas bouger. Laissez-le réfléchir et demandez-lui d'inscrire le résultat. Ouvrez ensuite une main, comptez les doigts et marquez le résultat sur l'histogramme.

Expliquez à l'enfant que l'on aurait pu prévoir ce résultat sur l'histogramme même, en traçant une ligne reliant les sommets des colonnes de l'histogramme. Tracez cette ligne.

Discutez sur les relations données par l'histogramme. Insistez sur ce point, pour que l'enfant comprenne bien comment la hauteur des données varie de façon régulière; à mesure que le nombre de doigts augmente.

Voici une procédure type. Commencez par lui signaler que pour une main, il n'y avait pas beaucoup de doigts sur la table. Pour deux mains, il y en avait davantage. Indiquez, tout

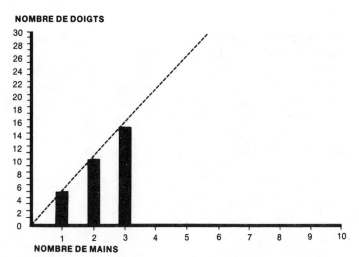

NOMBRE DE DOIGTS

NOMBRE DE MAINS

en parlant, les hauteurs respectives des données de l'histogramme. À cause de cela, on pouvait prévoir d'un simple coup d'oeil qu'il y en aurait encore plus dans le cas de trois mains.

Demandez-lui ensuite de prédire à l'aide de l'histogramme, combien il verrait de doigts si vous ouvrez vos quatre mains en même temps. Vérifiez-le. Recommencez le jeu aussi souvent que nécessaire, jusqu'à ce que l'enfant ait compris qu'en prolongeant la ligne reliant les sommets des premières colonnes de l'histogramme, on peut savoir où se trouvera le sommet des colonnes suivantes.

LE PETIT POUCET

MATÉRIEL:
· *morceau de pain*
· *papier quadrillé*

Racontez aux enfants l'histoire du petit poucet qui laissait tomber un morceau de pain tous les trois pas. Faites dresser la première et la deuxième colonne de l'histogramme.

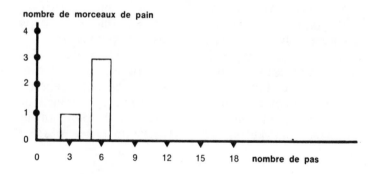

Demandez aux enfants de prédire combien de morceaux de pain seront tombés au bout de douze pas; insistez pour que la prédiction se fasse à partir de l'histogramme. Tracez légèrement la ligne qui relie le point « 0 » (à « 0 » pas, il y a « 0 » morceaux de pain) à l'extrémité de la colonne. La scène devra être jouée par un enfant et vous demanderez aux autres de vérifier. Faites ainsi établir plusieurs prédictions à l'aide de l'histogramme. Insistez toujours pour que la prédiction soit définie clairement avant la vérification. Continuez l'activité aussi longtemps qu'il le faudra. Demandez des prédictions pour des mesures pas encore réalisées; par exemple, combien de morceaux de pain ont-ils été jetés après neuf pas?

À COUPS DE MARTEAU

MATÉRIEL:
· un clou de 10 cm environ
· un morcedau de bois mou (12
  cm × 12 cm × 24 cm) ou
  une bûche de pin ou de sapin

  assez grosse
· un marteau
· une règle de 30 cm
· papier quadrillé

Présentez aux enfants un morceau de bois, un clou de dix centimètres et un marteau.

Laissez les enfants mesurer le clou. Demandez à l'un d'entre eux d'enfoncer le clou (s'il a trop de difficulté, faites-le à sa place).

Rappelez-vous que les coups de marteau devront être aussi réguliers que possible (même hauteur, même force). Un conseil: ne pas élever le marteau trop haut et simplement le laisser retomber sur le clou. Demandez aux autres de noter le nombre de coups. Enfoncez le clou quelque peu en comptant les coups et faites-le à nouveau. N'oubliez pas de noter les résultats. Répétez pour un même nombre de coups.

nombre de coups	longueur du clou enfoncé
0 ,,	0 cm
3 ,,	2 cm
Etc.	

Faites prendre ainsi deux autres lectures sans oublier de voir à ce que l'histogramme soit tracé. Demandez de prédire l'enfoncement pour un nombre de coups précis.

Enfin, invitez les enfants à prédire combien de ces coups identiques seront nécessaires pour que le clou soit complètement enfoncé.

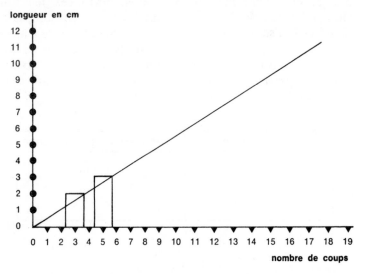

TOUT CORPS PLONGÉ...

MATÉRIEL:
- *papier graphique (au cm)*
- *balance à bras égaux*
- *verres de plastique*
  transparent
- *pâte à modeler*
- *règle de 30 cm*

Donnez à l'enfant le matériel prévu. Demandez-lui de faire une boulette de deux centimètres de diamètre (environ) avec de la pâte à modeler. Dites-lui d'en fabriquer une dizaine de poids et de forme égales.

Il remplira ensuite partiellement son verre d'eau (entre la moitié et les trois quarts). Il marquera d'un trait le niveau de l'eau. Demandez-lui ensuite de combien va monter le niveau de l'eau si on ajoute deux boulettes dans le verre. Après discussion, faites ajouter les boulettes; marquez le niveau de l'eau et déterminez sa hauteur. Il reste à répartir les données sur un histogramme.

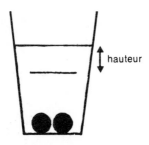

hauteur

Continuez les histogram-
mes pour 4 boulettes, 6, 8,
etc. Exigez des vérifica-

tions après chaque
prédiction.

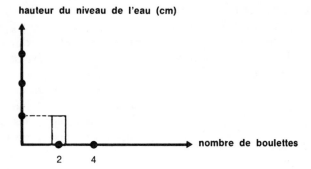

hauteur du niveau de l'eau (cm)

nombre de boulettes

2   4

9 LES INQUIÉTUDES DU PROPHÈTE

Les jeux de cette section amèneront l'enfant à se rendre compte de l'utilité de la prédiction pour élucider certains mystères de ses « expériences », ou de les anticiper. Ces jeux devraient lui permettre de comprendre que la prédiction fournit des renseignements qu'une expérience n'avait pas donnés directement. Avant d'aborder cette série de jeux, l'enfant doit savoir bâtir un histogramme (chapitre: *Empilage*) et s'en servir pour effectuer une prédiction (chapitre: *Savoir, c'est aussi prévoir!*)

CE QUI A GRANDI... GRANDIRA!

MATÉRIEL:
• *aucun*

Présentez à l'enfant l'histogramme de la hauteur
d'une tige de haricot en
fonction du nombre de
jours de croissance de la
plante.

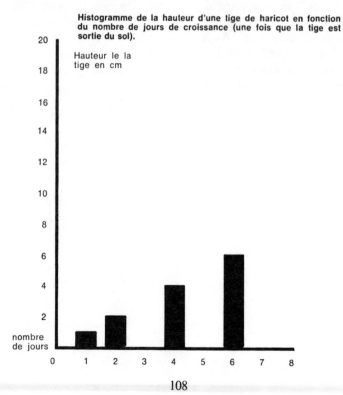

Histogramme de la hauteur d'une tige de haricot en fonction du nombre de jours de croissance (une fois que la tige est sortie du sol).

Hauteur le la tige en cm

nombre de jours

Discutez avec lui de la signification de cet histogramme; posez-lui des questions:
- quelles valeurs sont représentées sur chacun des axes?
- quelles unités sont utilisées sur chacun des axes?
- quelle expérience est résumée par cet histogramme?

Faites lire et commenter l'histogramme; essayer d'obtenir des commentaires comme ceux-ci:
- « après un jour de croissance, la tige mesure un cm »
- « après deux jours de croissance, la tige mesure deux cm »
- « après quatre jours de croissance, la tige mesure quatre cm »
- « après six jours de croissance, la tige mesure six cm »

Discutez ensuite de la possibilité de faire des prédictions à partir de cet histogramme:
- quelle pourrait être la hauteur de la tige au troisième jour de sa croissance?
- quelle pourrait être la hauteur de la tige au cinquième jour de sa croissance?
- est-il exact que la tige pourrait mesurer sept cm au septième jour de sa croissance?
- etc.

Quand vous aurez abordé toutes les possibilités qu'offre l'histogramme, suggérez à l'enfant d'accomplir des expériences qui permettront d'accumuler des données pour en construire. Mentionnez qu'il serait plus intéressant d'établir des prédictions en employant des données tirées de ses propres expériences. Puis proposez l'une ou l'autre des activités décrites dans ce chapitre.

LE CAMION DE SABLE

MATÉRIEL:
· *camion (jouet) qui roule bien*
· *plan incliné*
· *sable*

Utilisez un camion ou un chariot à roulettes capable de descendre le long d'un plan incliné sur le plancher du local où vous êtes ou installez-vous sur le trottoir.

Ajustez la pente du plan incliné afin que la première distance (camion vide) soit facilement mesu-

rable. Une longueur de 3 mètres environ serait raisonnable. Tracez une ligne repère sur le plan incliné afin de vous assurer que le point de départ demeure le même d'un essai à l'autre. Au départ, l'extrémité antérieure du camion devra donc toujours coïncider avec la ligne repère du plan incliné.

Figure 1.

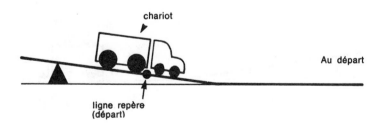

chariot

Au départ

ligne repère
(départ)

Modifiez la masse du ca-
mion en ajoutant du sable
dans la boîte. La distance
parcourue par le chariot
variera proportionnelle-
ment à ce changement de
masse.

Ajoutez une tasse de sable
dans le camion vide. Laissez-le partir puis faites mesurer la distance parcou-
rue par ce dernier.
Suggérez aux enfants de
considérer comme point
d'arrivée l'endroit qui
coïncide avec l'extrémité
antérieure du camion.

Figure 2.

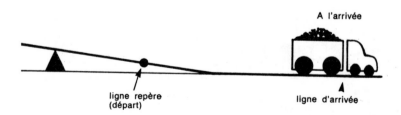

Refaites l'expérience avec 4, 7, 10, 12 tasses de sable. Demandez aux enfants d'enregistrer les résultats de leurs expériences sur un tableau de données.

nombre de tasses de sable	distance parcourue en m et en cm		
0	4 m	0	cm
1	—	—	
4	—	—	
7	—	—	
10	—	—	
12	—	—	

À l'aide des résultats inscrits sur le tableau, faites
ensuite construire l'histogramme des distances par-
courues par le camion en
fonction du nombre de
tasses de sable ajoutées
dans la boîte.

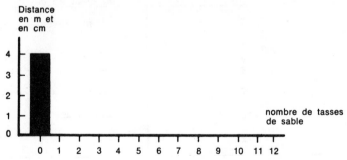

Histogramme des distances parcourues par le chariot en fonction du nombre de tasses de sable.

À partir des données inscrites sur l'histogramme, demandez ensuite aux enfants de faire des interpolations ou des extrapolations qu'ils doivent vérifier à chaque fois de façon expérimentale.

Pour permettre aux enfants de faire des prédictions plus réfléchies et plus précises, demandez-leur d'inscrire leur prédiction et les résultats obtenus lors de la vérification expérimentale sur un tableau comparatif.

nombre de tasses de sable	distance parcourue par le chariot en m et en cm	
	prédiction	vérification
2	—	—
3	—	—
9	—	—
13	—	—

Pour rendre le jeu plus palpitant, changez de camion et demandez à l'enfant lequel ira le plus loin avec les mêmes charges de sable. S'il y a plusieurs enfants, demandez-leur si leurs camions seront meilleurs. Amorcez la discussion, envoyez-les chercher leurs véhicules et faites un concours de performances en transport de sable... sans oublier les histogrammes et les prédictions « scientifiques ».

10 MOMENTS D'INCERTITUDE

Le processus de connaissance scientifique pourrait se résumer comme suit:
1. on s'aperçoit d'un problème (ou on se pose une question);
2. on réunit certaines informations qui semblent importantes;
3. on essaie de tirer une conclusion à partir des faits;
4. on critique cette conclusion, on se demande si elle est vraie;
5. on essaie de la contrôler, de savoir si, oui ou non, elle est exacte.

Le troisième élément de cette démarche s'appelle: inférence. Cet acte par lequel on essaie d'expliquer une observation est l'élément créateur des sciences, celui qui leur donne la possibilité de dépasser l'observation des faits pour aller plus loin dans la compréhension de la réalité et faire avancer la connaissance. Apprendre à inférer correctement est donc capital pour quiconque entend travailler en science et, en fait, dans n'importe quel domaine.

En fait, nous passons notre vie à faire des inférences. Ce matin, par exemple, en m'éveillant, j'ai constaté que toutes les vitres de la maison étaient couvertes de glace; j'ai entendu mon voisin essayer pendant dix minutes de mettre sa voiture en marche. Avant même de sortir, j'avais compris qu'il faisait très froid ce matin... Je venais de faire une inférence!

Évidemment, en science, les situations sont un peu plus délicates. Aussi faut-il procéder de façon systématique. Les jeux de cette section et des deux prochaines ont justement pour objet de donner aux enfants une certaine rigueur dans la construction de leurs inférences et dans la vérification de leurs hypothèses de travail. Dans ce qui m'est arrivé ce matin, la conclusion était évidente et facile à vérifier. Il y a des situations où le degré d'incertitude de l'inférence est tel qu'il faut absolument contrôler avec précision la conclusion à laquelle on est arrivé. Certains problèmes sont même tellement complexes qu'ils conduisent à plusieurs conclusions qui, à première vue, sont aussi valables les unes que les autres. La seule solution pour connaître la vraie réponse consiste à vérifier chaque inférence pour savoir laquelle est la bonne.

Cette série a pour objectif spécifique d'amener les enfants à comprendre que les conclusions qu'ils peuvent tirer de leurs observations ne sont pas nécessairement des vérités; en d'autres termes, ils apprendront qu'ils peuvent se tromper!

PRENDRE DU SUCRE...
DANS LA BOÎTE À FARINE!

MATÉRIEL:
- *différents objets que vous aurez préparés à l'avance dans le but de tromper les enfants. En voici quelques exemples:*
  — *une boîte d'allumettes contenant des cure-dents de bois.*
  — *une bouteille d'eau colorée imitant le jus de fruit.*
  — *un stylo construit à l'aide d'un matériau bleu et laissant écouler de l'encre rouge.*
  — *une plante en caoutchouc.*
  — *un contenant de format standard renfermant un contenu différent de celui auquel on est en droit de s'attendre*

Jouer à ce jeu est particulièrement agréable en groupe, mais il peut aussi être très amusant pour un enfant.

Présentez aux enfants différents objets que vous aurez préalablement sélectionnés de manière à ce que chacun offre une image différente de ce qu'il est vraiment.

Prenez un de ces objets-attrape, comme par exemple la boîte d'allumettes et demandez aux enfants ce que c'est. Ils vous répondront que c'est une boîte d'allumettes. Ne dites rien puis brassez la boîte afin qu'ils entendent le bruit des objets qui s'y trouvent. Demandez-leur: « Qu'y a-t-il à l'intérieur? » Ils répondront probablement des « allumettes ». Ouvrez la boîte et laissez-les voir les cure-dents. Il n'y a là rien de bien extraordinaire. Dans certaines cuisines, le sucre se trouve dans une boîte marquée Épices parce que dans la boîte marquée Sucre, il y a des recettes et la liste d'épicerie (et ainsi de suite). Dites simplement « Tiens, il y avait des cure-dents dans la boîte d'allumettes.

Je me demande pourquoi nous avons dit qu'il y avait des allumettes. » Il ne s'agit pas pour eux de répondre « parce qu'on a remplacé les allumettes par des cure-dents ». Orientez la discussion dans le sens « Tout nous indiquait qu'il s'agissait d'allumettes, la boîte, le bruit de bois, mais... »

Dans ce cas-ci, il n'est pas question de faire manipuler les enfants, ni de les laisser discuter trop longuement. Il s'agit plutôt d'une amorce rapide permettant de « semer le doute »; les enfants, petit à petit, doivent tout simplement se rendre compte que tout n'est pas toujours aussi certain qu'ils le croient. Il est évident que chacun des objets pourrait être pris comme base de discussion et de manipulation afin d'en arriver à différencier l'inférence de l'observation; mais tel n'est pas le but de ce jeu.

Pour chacun des cas, et selon la question posée par l'adulte, les enfants porteront probablement un jugement rapide à partir de simples observations visuelles.

Au simple coup d'oeil, on aurait:
« ...ce sont des allumettes. »
« ...c'est du jus d'orange. »
« ...le stylo écrit bleu. »
« ...c'est une plante qui pousse. »

Pour une seule observation supplémentaire, leur jugement se trouvera contredit.

« Ouvre la boîte et regarde. »
« Goûte. »
« Écris et regarde. »
« Touche la plante. »

Lorsque vous aurez passé ainsi plusieurs de ces objets et quand vous sentirez que les enfants se trouvent moins à leur aise pour répondre aux questions, vous pourrez alors effectuer un retour sur ce qui a été fait.

Essayez de dresser au tableau une liste « des choses vues » (observations), pour chacun des cas. Amenez ensuite les enfants à discuter sur chacune des propositions, n'acceptez que les observations. Ne vous attardez pas trop et passez à l'objectif 1.

DRÔLE DE POT

MATÉRIEL:
- *quatre pots vides identiques mais peints à l'intérieur à l'aide d'une peinture indélébile (rouge, bleu, jaune, vert)*
- *quatre pots de verre*

semblables aux précédents mais qui ne sont pas peints et qui contiennent de la gouache de couleur rouge, bleue, jaune et verte

Présentez à l'enfant les quatre pots identiques dont l'intérieur est recouvert de peinture. Les contenus auront été préparés à l'avance comme suit:

Montrez le pot rouge et demandez-lui de vous dire ce qu'il contient. Il répondra probablement qu'il renferme de la peinture rouge. Débouchez-le et vi-

Le pot rouge	rempli de gouache du même rouge que la peinture avec laquelle on l'a peint.
Le pot bleu	vide
Le pot jaune	plein à moitié de gouache du même vert que le pot vert
Le pot vert	plein d'eau

dez-le pour vérifier son affirmation.

Montrez-lui ensuite le pot bleu et interrogez-le sur son contenu. Il répondra probablement qu'il s'agit de peinture bleue. Retournez-le: rien n'en sort.

Prenez ensuite le pot jaune et posez la même question. Quelques-uns diront qu'il est vide, d'autres qu'il contient de la peinture jaune. Insistez pour faire parler chacun. Proposez à celui qui affirme que le pot est vide de le lui renverser sur la tête...

Ébranlez ainsi leur conviction par tous les moyens possibles; impliquez-les personnellement, faites-leur prendre conscience de l'incertitude de leurs interprétations. Ouvrez le pot et versez son contenu.

Laissez ensuite circuler le dernier pot et interrogez-les comme vous l'avez déjà fait. Les enfants n'auront toutefois pas la permission d'ouvrir le pot. Faites formuler les interprétations. Ensuite, permettez-leur d'ouvrir le pot.

Reprenez ensuite mentalement chacun des cas et dressez au tableau la liste des observations dont les enfants disposaient, ainsi que celle des inférences formulées à l'aide de ces observations. À ce moment-ci, introduisez naturellement le terme « inférence ».

Soulignez bien qu'il y a, dans chaque cas, des informations plus certaines que d'autres et que ce sont des observations tandis que les interprétations ou les inférences sont beaucoup moins sûres. Pointez ensuite sur le tableau toutes les inférences qui sont apparues fausses par la suite. Rappelez en exemple les découvertes survenues au début, discutez-les encore une fois, énumérez aussi les inférences qui se sont révélées fausses. Reprenez avec eux des cas simples d'observations et d'inférences.

Demandez-leur ensuite comment, sans ouvrir le pot, ils auraient pu formuler des inférences. Amorcez ici une première discussion sur l'utilisation de tous les sens. Proposez de reprendre l'expérience avec un pot nouvellement préparé (le pot bleu rempli au quart de jaune).

Provoquez ensuite une discussion destinée à faire comprendre aux enfants qu'un plus grand nombre d'observations permet d'établir des inférences plus certaines.

Ce qui est certain	Ce qui n'est pas certain
(observation)	(inférence)
(ce que nos sens nous disent)	
Un pot de verre, rouge à l'intérieur.	Le pot contient de la peinture rouge.
Un pot de verre, bleu à l'intérieur.	Le pot contient de la peinture bleue.
Un pot de verre, jaune à l'intérieur.	Le pot contient de la peinture jaune.
	Le pot ne contient rien (vide), etc.
Un pot de verre, vert à l'intérieur.	Il contient de la peinture verte.
Qui pèse autant qu'un pot plein de peinture (rouge).	Il est vide.
	Il est plein de peinture.
Qui fait du bruit si on l'agite.	Il y a un liquide à l'intérieur, etc.

LE JEUNE SHERLOCK HOLMES

MATÉRIEL:
· aucun

Racontez une histoire aux enfants:
« Un petit garçon en train de lire devant le foyer entend soudain un bruit de verre brisé; il se retourne et voit un pot de fleurs brisé près de la table; il voit également une fenêtre battre au vent et le chat qui s'enfuit en courant. »

Demandez aux enfants de vous expliquer ce qui est arrivé. Les enfants imagineront probablement deux ou trois explications. Notez-les au tableau et demandez-leur s'il s'agit d'observations ou d'inférences. Rappelez-leur que les observations sont des renseignements que nos sens nous donnent. (N'oubliez pas qu'ici, il n'y a d'observations que par « histoire interposée ».)

Insistez sur l'incertitude des inférences qui ont été suggérées. Reprenez ensuite les observations données par l'histoire et, avec les enfants, dressez-en la liste. Établissez la liste des inférences correspondantes. Éliminez avec eux les inférences qui ne tiennent pas suffisamment compte des observations énoncées.

Continuez ensuite l'histoire en mettant le petit garçon dans une autre situation.

Dites-leur qu'un peu plus tard, le petit garçon, confortablement assis dans un fauteuil du salon, crie subitement: « Papa, le journal est arrivé! » Demandez-leur quelles observations il a pu faire, de l'endroit où il se trouvait, pour en arriver à une telle inférence, sans même voir à l'extérieur. Aidé par les enfants, dressez-en la liste et rejetez avec eux les « fausses observations » ou les inférences.

Profitez des ambiguïtés pour bien faire compren-dre ce qu'est l'inférence par rapport à l'observa-tion. Amenez les enfants à énoncer d'autres inféren-ces que le petit garçon au-rait pu faire à partir de ces mêmes observations. Pla-cez le tout sous la forme du tableau suivant et discutez.

Observations qu'il a pu faire de sa position	Autres inférences qu'il aurait pu faire
Entendre un bruit de bicyclette.	C'est le livreur de journaux, le facteur, etc.
Entendre un jappement de chien	

Explorez ainsi quelques situations, en donnant les observations du personnage et en laissant les enfants formuler les inférences ou l'inverse.

Il est important que les observations énumérées concernent tous les sens. Il est évidemment préférable que les enfants accordent leur intérêt à cette activité et vous la réaliserez dans un milieu propice. Les enfants pourraient monter une pièce de théâtre pour jouer la scène (ils l'infèrent). De plus, les enfants pourraient dessiner les diverses situations, en tenant compte des observations d'une part et des inférences d'autre part, pour dessiner un « avant » de la situation imaginée qui leur permettrait de visualiser leurs inférences.

QUE S'EST-IL PASSÉ?

MATÉRIEL:
· *objets de la maison*

Un premier enfant se place derrière un grand rideau ou un carton tandis qu'un second (ou vous-même) exécute derrière lui une opération permettant des observations autres que visuelles (odeurs, bruits, vibrations). Le premier joueur peut, selon le jeu, avoir droit à des observations visuelles après la scène. Exemple: voir par terre des débris de papier, des traces de pas, etc.

Il énumère ses observations; et vous les notez. Parmi les énoncés donnés, l'ensemble des spectateurs refuse instantanément les inférences. Ensuite seulement le joueur no 1 donne son inférence et le groupe donne son approbation à cette inférence selon qu'elle tient suffisamment compte des observations.

On reprend ce jeu avec plusieurs enfants et on note toujours d'une part les observations que le groupe accepte comme telles et, d'autre part, les inférences. Ce type de jeu peut favoriser un meilleur discernement de ce qu'est l'observation et de ce qu'est l'inférence.

Le jeu peut s'inverser. Un enfant va derrière le rideau et accomplit une opération bruyante ou odorante. Les autres notent des observations et passent ensuite aux inférences.

SITUATIONS

MATÉRIEL:
· quatre dessins représentant
des situations où des enfants
sont impliqués

Vous pouvez pratiquer ce jeu seul(e) avec votre enfant. Cependant, il serait plus amusant avec un groupe. Vous pourriez ainsi faire un concours et allouer des points aux réponses exactes. Si le nombre de joueurs le permet, divisez le groupe en équipes. Dans le cas contraire, les points seront accordés individuellement. Présentez les dessins un à un. Chaque enfant ou équipe, à tour de rôle, doit donner une observation et une inférence à propos du dessin. L'ensemble des joueurs (et vous en dernier ressort) est juge de l'interprétation. Si l'inférence et l'observation sont justes, l'enfant ou l'équipe gagne un point. Continuez jusqu'à épuisement des dessins.

LE CHEF

MATÉRIEL:
* *un aquarium rempli de poissons de différentes espèces, des plantes, et ce qui est nécessaire à leur survie.*

Si vous n'avez pas encore monté un aquarium, profitez de cette occasion pour le faire avec les enfants. Vous pouvez interroger les enfants sur l'utilité de chaque élément réuni. Commençons par la pompe à air. Donnez-la aux enfants et demandez-leur d'observer l'appareil et de vous le décrire en précisant que vous n'acceptez que les observations. Il s'en fera certainement quelques-unes, mais il y a gros à parier que l'un ou l'autre dira que c'est une pompe à air. Soumettez tout énoncé de ce genre à l'attention du groupe. Branchez ensuite l'appareil et mettez l'embouchure au fond de l'aquarium. Ils verront des bulles d'air sortir de l'embouchure, grossir en s'élevant et crever à la surface. Dites aux enfants de bien observer les bulles. S'ils remarquent qu'elles grossissent, demandez-leur d'en inférer la raison. Passez ainsi toutes les parties: le filtre, le sable, le thermomètre, etc. Les inférences devraient porter sur l'utilité de chacun des objets. Quand tout est prêt, mettez les poissons et les plantes en suivant les instructions du vendeur. Il vous dira probablement de déchlorer l'eau et d'attendre la stabilisation de la température, surtout si vous avez choisi des poissons tropicaux fragiles. Poussez les enfants à observer les poissons et leur comportement: se voient-ils? Demandez aux enfants d'essayer d'observer des comportements qui permettent d'inférer que les poissons voient ou entendent. Étudiez à mesure avec eux les énoncés qui sont des observations et ceux qui sont des inférences. Finissez en demandant: « Vous avez tous regardé l'aquarium: pouvez-vous me dire si parmi les poissons, il y a un chef? » Dessinez-le sur une feuille et écrivez (qu'ils le disent s'ils ne peuvent l'écrire) pourquoi c'est le chef. Contrôlez les raisons données; s'agit-il d'observations ou d'inférences?

Vous pouvez refaire le même jeu avec n'importe quel objet ou dispositif qui nécessite un montage relativement élaboré: un malaxeur électrique, un aspirateur, le cric de la voiture, un système de son, une piscine, une table ou, dans le temps des Fêtes, l'arbre et les décorations de Noël.

11 AVEC DES "SI" ET DES "PEUT-ÊTRE"

Voilà une deuxième série de jeux basés sur l'inférence.

L'inférence est normalement faite à partir d'une série d'informations que l'on a recueillies. Elle implique généralement de nouvelles observations qu'il faudra effectuer pour s'assurer de sa véracité. En fait, le but immédiat de l'inférence est souvent de produire le plus grand nombre possible d'idées (inférences), qu'elles soient farfelues ou non. C'est au moment de la critique et du contrôle que les inférences valables seront sélectionnées. Les jeux de cette section visent à initier les enfants à cette phase critique, c'est-à-dire à l'évaluation du sérieux des diverses inférences. Ils seront aussi amenés à ordonner des inférences, de la plus à la moins sûre, ce qui devrait les aider à distinguer plus rapidement divers degrés relatifs de « vraisemblance ».

Dans l'ensemble, plus il y a de personnes qui participent à ces jeux, plus ils sont drôles et passionnants. Mais vous pouvez aussi y jouer avec un enfant. Vous aurez à battre un peu la controverse pour stimuler les idées neuves. Enfin, bien des adultes peuvent avoir envie de jouer avec vous à ces jeux. S'il y a dans votre entourage quelques Maigret ou Colombo de fin de semaine, mettez-les à contribution!

J'AI TROUVÉ UN SAC

MATÉRIEL:
· *un sac d'école que vous aurez*
  emprunté à la fille ou au fils
  d'une amie

Le moment le plus intéressant pour jouer à ce jeu est celui où il y a plusieurs enfants chez vous. Les hypothèses émises par plusieurs personnes donnent beaucoup de piquant à la discussion et à la recherche d'inférences qui s'ensuit.

Au besoin jouez l'avocat du diable et surtout laissez les enfants émettre toutes les idées qui leur viendront sans porter de jugement sur elles au départ. Au lieu d'un sac d'école, vous pouvez évidemment prendre n'importe quel autre coffre ou sac contenant des objets qui peuvent donner des indices sur son propriétaire sans pour autant « vendre la mèche » trop rapidement. Au besoin, retirez ou retardez l'apparition des indices qui simpli-

fieraient les choses à l'excès. Faites durer le suspense... sans oublier de noter les observations et les inférences!

Présentez aux enfants un sac d'école qui contient quelques objets et demandez-leur de bien observer. Demandez à qui appartient le sac. Ils pourront l'observer ensemble ou bien un à la fois. Notez toutes les inférences, des plus vagues jusqu'aux plus précises. En voici quelques exemples:
● la serviette appartient à un élève de première année
● c'est une serviette de petite fille
● etc.

Arrangez-vous pour que les objets mis à l'intérieur de la serviette apportent des indices cumulatifs, c'est-à-dire, des indices qui fournissent de plus en plus de précisions. En voici d'ailleurs une liste type:

Laissez la serviette aux enfants et demandez à chacun de donner une nouvelle observation sur la

observations	inférences
Indice 1 : petit miroir pour fillette	... C'est à une fille.
Indice 2 : un livre de 1re année	... Une fille de 1re
Indice 3 : initiales sur la serviette : L.B.	Louise Bionne Louise Bartagnon, etc.
Indice 4 : un cahier écrit Linda	L. = Linda
Indice 5 : un livre de détente marqué Roger Brunelle	B. = Brunelle
Indice 6 : nom de l'école au crayon	C'est une fille de telle école.

serviette. Faites discuter l'énoncé par le groupe de manière à bien établir qu'il s'agit d'une observation. Notez-la ensuite. Dressez ainsi avec les enfants une liste de toutes les observations.

Demandez-leur ensuite de formuler des inférences (farfelues ou non, il faut les accepter toutes) que vous inscrivez à mesure au tableau. Essayer d'avoir une attitude réceptive et stimulante tout en vous gardant de laisser voir votre opinion quant à la valeur des inférences proposées.

Amorcez ensuite une discussion sur chacune des inférences en vérifiant si elles sont basées uniquement sur les observations notées au tableau, ou si elles dépassent trop les informations accumulées. Invitez les enfants à compter le nombre d'observations qui ont servi pour une inférence. Éliminez avec eux les inférences « trop à la légère » en leur montrant qu'elles impliquent des observations inexistantes ou contraires aux observations recueillies. Dites-leur que les hommes de science doivent être excessivement prudents dans l'acceptation d'une inférence et qu'ils n'admettent que celles qui sont vraiment basées sur des faits observés.

Amenez ensuite les enfants à classifier les inférences « plus certaines », c'est-à-dire celles qui tiennent compte d'un plus grand nombre d'observations, et les « moins certaines » qui sont toutes les autres.

Essayez de bien indiquer qu'une inférence trop « incertaine » et sans grand rapport avec l'observation n'a aucune valeur. Amenez les enfants à se rendre compte que s'ils veulent travailler d'une manière scientifique, leurs inférences doivent prendre en considération l'ensemble des observations recueillies.

Vous pouvez facilement transformer et adapter les activités de cette étape en vue d'une meilleure utilisation de votre milieu. L'amorce pourrait se faire à partir de la préparation d'une liste de cadeaux de Noël.

DITES-MOI DE QUI IL S'AGIT

MATÉRIEL:
- *tableau et craie ou feuille et crayon*
- *des descriptions que vous avez écrites*

Proposez à un groupe d'enfants le jeu suivant: «Vous donnez deux observations sur un personnage et le groupe infère le personnage».

Exemple:
Il y a une casquette et les chiens lui courent après.
Les enfants: le policier, le facteur, etc.

Discutez avec eux de leurs inférences et demandez-leur s'ils sont vraiment certains de ce qu'ils avancent. Battez leurs certitudes en brèche et amenez-les à dire qu'une inférence plus certaine demanderait un plus grand nombre d'informations.

Ajoutez ensuite des observations: «Il porte un sac sur son épaule». ... et ainsi de suite.

Discutez surtout des inférences qui tiennent ou qui ne tiennent pas compte de toutes les observations. Recommencez pour d'autres personnages. Ensuite pour des animaux, etc.

Après chaque cas reprenez avec les enfants la liste des inférences et demandez-leur d'indiquer à côté de chacune le nombre d'observations sur lesquelles elles sont basées. Proposez-leur ensuite d'ordonner ces inférences à partir de celles qui ont tenu compte du plus petit nombre d'observations jusqu'à celles qui ont tenu compte du plus grand nombre. Discutez avec eux et amenez-les à comprendre que la plupart du temps, les inférences les plus certaines, ou « vraisemblables » sont celles qui tiennent compte du plus grand nombre d'observations.

QUI EST LE PROPRIÉTAIRE?

MATÉRIEL:
- tableau et craie (ou papier et crayon)
- un sac de papier contenant divers objets tels que:
- un peigne rose
- un savon et un porte-savon
- une barrette

- le sac devra également contenir quelques indices particuliers tels que:
- une odeur de parfum
- une note très pâle inscrite sur le sac;
Mme —————————————
Adresse —————————————
Etc.

Faites circuler le sac et demandez aux enfants de l'observer attentivement, ainsi que les objets qu'il contient, et de noter, au fur et à mesure, leurs observations sur un tableau. Amenez-les à accumuler par inférences le plus de détails possibles sur la personne à qui peut appartenir ce sac et son contenu. Voici l'exemple d'une démarche qui pourrait être suivie:

observations	Inférence sur la personne
un peigne rose	le sac appartient à une petite fille
une brosse à dents rose	une petite fille d'au moins trois ans
des verres fumés	c'est une personne plus âgée
barrette	il est encore plus certain que c'est une fille
etc.	

N'oubliez pas qu'il faut écrire, à côté de chaque inférence, le nombre d'observations dont elle a tenu compte. Les inférences seront ensuite ordonnées d'après ce nombre.

Discutez avec les enfants chacune des inférences et montrez-leur que l'inférence la plus « certaine » est celle qui a tenu compte du plus grand nombre d'observations.

À QUI APPARTIENT CE GAGE?

MATÉRIEL:
· sacs de papier (un par enfant)
· tableau et craie

S'il y a plusieurs enfants en visite chez vous, chacun d'entre eux peut préparer un sac mystère renfermant des objets qui le caractérisent. Le groupe choisit un sac au hasard et le meneur de jeu en sort les objets un à un. Vous pouvez noter les observations et les inférences sur un tableau, ou seulement les inférences, en dessous du nom du participant qui les a données. À la fin, chacun essaie d'identifier le propriétaire du sac.

Si les enfants aiment ce jeu, ce serait une bonne occasion de mêler quelques adultes à la bande des petits. Recommandez-leur cependant de ne pas se laisser emporter par le jeu au point d'oublier de donner aux plus jeunes une chance d'émettre leurs idées!

Demandez à un enfant de donner des renseignements cumulatifs sur un personnage, un objet ou un animal de son choix. Ces observations doivent être inscrites immédiatement sur un tableau. Les autres donnent leurs inférences, qu'un enfant note également au tableau. Au fur et à mesure que les renseignements arrivent, les inférences deviennent plus certaines. De lui-même, le groupe effectue le travail décrit dans les derniers paragraphes du jeu *«Dites-moi de qui il s'agit»*.

12 DIS-MOI DONC COMMENT ÇA S'EST PASSÉ?

L'objectif de cette série de jeux est d'amener l'enfant à reconstruire des histoires à partir de quelques-uns de leurs éléments essentiels. Ces jeux vous paraîtront sans doute assez éloignés des sciences. Il n'en reste pas moins qu'ils contribuent à développer des mécanismes de pensée essentiels à toute activité proprement scientifique... et à bien d'autres domaines de la vie.

Je vous avertis: il s'agit d'un travail assez complexe malgré les apparences. Les enfants ne maîtriseront pas instantanément cette technique de construction d'inférences. L'acquisition de cette habileté est toutefois un élément important de la formation scientifique. Si vous avez la patience de la mener à bien avec votre enfant, vous lui aurez sans aucun doute permis de faire un grand pas dans l'apprentissage de la rigueur d'esprit dont il aura besoin pour faire des sciences ou toute autre activité qui réclame une approche systématique.

Enfin, comme dans le cas des deux séries précédentes, je vous signale que si ces jeux sont souvent plus amusants avec plusieurs participants, ils peuvent être presque aussi passionnants pour un enfant et un (ou plusieurs) adulte. Il suffit de se mettre un peu dans l'ambiance et de retrouver pour quelques temps, son âme d'enfant!

DE QUOI EST-CE LE SIGNE?

MATÉRIEL:
· ce livre

Dites aux enfants que vous avez trouvé dans votre livre une page couverte de curieux symboles, (Figure 1), mais que vous ne savez pas ce que les symboles représentent. Peut-être pourraient-ils chercher à le découvrir. Montrez-leur les images et proposez-leur de chercher d'abord seul, puis de discuter ensemble (ou avec vous) pour en arriver à un consensus. Si les enfants traitent les illustra-tions comme des représentations d'objets, vous pourriez peut-être les guider en leur indiquant que le premier signe identifie sûrement un endroit où on peut manger, un restaurant ou un casse-croûte. Incidemment, tous les autres signes utilisés ont été reproduits à partir de ceux qui avaient été créés pour les jeux olympiques de Mexico (1968).

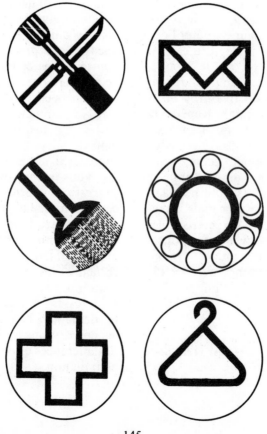

J'AI VU, CE MATIN...

MATÉRIEL:
· *aucun*

Proposez aux enfants la description qui suit et demandez-leur d'inférer l'objet dont il s'agit, à quoi il sert et où on le trouve: « j'ai vu ce matin, devant l'école, un très gros objet jaune et noir ». Répétez la description[1] au besoin, en soulignant ses traits essentiels: « objet, école, gros, jaune et noir ». Rappelez aux enfants qu'il ne s'agit pas de deviner mais d'examiner les caractéristiques et de trouver des réponses qui conviennent. Quand tout ce monde aura décidé qu'il s'agit d'un autobus scolaire, donnez la description suivante: « j'ai vu hier des animaux reliés par une ficelle, le premier avait quatre pattes et le second deux ». Guidez la discussion qui s'ensuivra: quels sont les animaux à deux pattes? S'agit-il d'un lapin tenu en laisse par un perroquet? Si nécessaire, faites vous-même quelques suggestions farfelues de cette nature. On en viendra peut-être à se demander si l'homme est un animal. Contentez-vous de recueillir les avis sur la question. Si les enfants s'intéressent à cette activité, demandez-leur de faire les descriptions et de juger des inférences qui conviennent ou non.

---

1. Adaptez-la si vous jugez qu'elle ne correspond pas à l'expérience des enfants.

LE MIME

MATÉRIEL:
· aucun

Proposez aux enfants de faire le « schéma » d'un personnage mais par gestes (mimer). Soulignez que c'est la fonction du personnage qui devra être mimée et non sa forme. Ils le feront en mimant quelques-uns des gestes qui lui sont caractéristiques. Un enfant mimera le personnage en trois gestes; les autres essaieront d'identifier le personnage par inférences: ce pourrait être un policier, un facteur, un pompier ou... vous-même!

Quand un enfant aura présenté son personnage, les autres essaieront d'inférer ce personnage en tenant compte de chaque geste. Critiquez les inférences et essayez de semer le doute dans les esprits. Quand les enfants seront sûrs d'avoir trouvé la bonne réponse, demandez-leur d'expliquer pourquoi ils pensent que cette réponse est juste.

Si vous préférez, vous pouvez remplacer les personnages par des animaux. N'oubliez pas qu'il ne faut pas s'occuper de l'apparence de l'animal, mais de sa fonction, donc de ses actions.

LE JEU DE L'AUTOMOBILISTE

MATÉRIEL:
- *cartes représentant les panneaux de signalisation routière*

Dessinez sur des cartons, les panneaux de signalisation routière les plus courants. Distribuez-les aux enfants et demandez-leur de vous décrire les manoeuvres qu'ils exécuteraient s'ils étaient en voiture et voyaient chacun des signes. Essayez de les faire réfléchir sur les relations entre le symbole utilisé, leurs gestes présumés et le sens du symbole. Si les symboles sont sur des cartes, vous pouvez composer pour eux des voyages imaginaires en vous inspirant du jeu des « Mille Bornes » au cours duquel la succession des panneaux pourrait servir de prétextes à faire des inférences sur la nature du trajet et son objectif. Par exemple, un trajet commence dans une zone résidentielle, passe par une autoroute, puis sur une route secondaire pour se terminer près d'une affiche annonçant un terrain de camping, ce qui évoquera des vacances que les enfants ne manqueront pas d'identifier.

À LA RECHERCHE DES MOMENTS PERDUS

MATÉRIEL:
· *série de photos (3 ou 4)*
  représentant (ou pouvant
  représenter) des situations

Essayez de trouver des photos ou des illustrations qui, mises en séquence, laissent supposer qu'un événement vient de se produire et permettent une interprétation des faits. En d'autres mots, votre matériel devrait suggérer un « avant » et un « après ». Les livres pour enfants (que les participants n'ont pas encore lus) pourraient vous fournir un matériel adéquat. Vous pourriez aussi employer vos propres photographies ou diapositives. Utilisez par exemple celles que vous avez prises lors d'une fête de famille quelconque, ou encore celles d'une excursion, d'un voyage ou d'un événement sportif auquel vous avez assisté. Vous n'avez pas besoin d'images spectaculaires. Ainsi, une photo de l'arène municipale un jour de printemps, celle de quelques joueurs évoluant sur la glace, des membres d'une équipe félicitant un joueur et celle d'un trophée pourrait laisser supposer la partie décisive de la dernière saison de hockey, quand les *Cyclones* ont défait les *Carcajou*, grâce à un but spectaculaire de Ti-Jean Laprise.

Ne vous en faites pas s'il vous arrive parfois (comme moi) de rater le moment crucial d'une action. Cela est même préférable, puisque le but premier de ce jeu est de faire travailler l'imagination des enfants et de leur permettre d'élaborer eux-mêmes une histoire vraisemblable à partir de données fragmentaires.

Montrez les images aux enfants une à une. Dites-leur d'en observer d'abord les traits essentiels et de les décrire. Quand la description sera satisfaisante, c'est-à-dire lorsque les enfants auront remarqué la quasi-totalité des traits essentiels, demandez par exemple: « Quelqu'un peut-il me dire ce qui est arrivé avant ce que cette image représente et ce qui arrivera après? » Les exemples qui suivent sont susceptibles de vous guider.

Les traits essentiels d'une série de tableaux pourraient être: enfant, caillou, vitre brisée, pas de course. Les enfants vous donneraient ces inférences:

- un enfant vient de lancer un caillou dans la vitre et il s'enfuit pour ne pas être grondé;
- un petit garçon a vu un malfaiteur lancer un caillou dans la vitre et tente de le rattraper.

Les enfants doivent essayer, avec de telles inférences, de reconstruire la situation.

N'acceptez que les inférences qui tiennent compte de tous les traits essentiels. Rappelez toutefois que les inférences formulées sont loin d'être certaines.

Si une situation possède les traits essentiels suivants: bandits masqués, banque, signal d'alarme et policier; les enfants pourraient émettre des inférences comme celles-ci:

● des bandits masqués viennent de pénétrer dans la banque; le policier, en les voyant, a déclenché l'alarme; les brigands prennent la fuite. Ou

● pendant la nuit, en es-sayant de percer le coffre-fort d'une banque, des bandits ont déclenché une sonnerie d'alarme; un policier accourt sur les lieux et les arrête.

LE JEU DES COTES D'ÉCOUTE

MATÉRIEL:
· *papier pour tracer des histogrammes*

Proposez aux enfants de construire un histogramme à partir de certains comportements de leurs amis. Demandez-leur de choisir cinq émissions pour enfants et faites la compilation des cotes d'écoute. Vous pourriez dresser un tableau comme celui-ci:

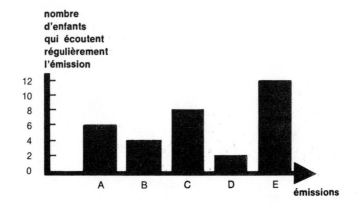

Demandez ensuite aux enfants pourquoi telle ou telle émission est préférée.

Invitez-les à interpréter la situation le plus scientifiquement possible. Peut-être penseront-ils à demander à plusieurs personnes, à comparer les réponses.

On peut utiliser bien des situations, comme la répartition des enfants du voisinage selon la couleur de leurs cheveux, selon des zones de grandeur ou enfin le succès d'un groupe d'amis dans trois matières scolaires ou disciplines sportives différentes.

Demandez aux enfants d'inférer les causes de ces relations.

Discutez avec eux et n'acceptez que les inférences basées sur un nombre convenable d'observations. Faites énumérer pour chaque inférence les observations qui ont aidé à celle-ci.

SCHÉMA

MATÉRIEL:
· aucun

Proposez aux enfants dif-férents schémas et deman-dez-leur d'inférer ce que chaque schéma représente. Celui qui suit exprime l'idée de famille:

Discutez avec eux de chacune des inférences mentionnées; acceptez toute inférence valable.

Vous pouvez peut-être aborder avec eux des organismes simples, telle la « hiérarchie » de leur ligue de hockey ou celle de leur centre de loisirs.

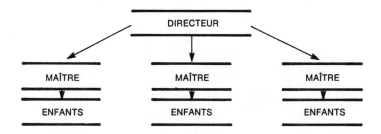

Vous pouvez aussi sché-
matiser le fonctionnement
d'appareils ménagers,
comme le système de
chauffage:

Proposez ensuite aux en-
fants de schématiser des situations, des relations ou
des fonctionnements. Pre-
nez les plus intéressantes
schématisations et deman-
dez aux autres d'en tirer
des inférences.

13 EN FOUILLANT DANS LE TAS...

Pour être utile (je ne dis pas agréable!) la classification doit avoir un objet. Ordinairement, les adultes classifient pour comprendre quelque chose, pour établir ou découvrir par exemple, les relations qui existent entre des êtres ou des choses. Dans tous les cas, il existe un objectif à une classification et ses catégories (les critères selon lesquels on l'établit) sont déterminés par l'usage qu'on veut en faire.

Jusqu'ici, les jeux que nous avons proposé aux enfants étaient de simples prétextes à faire des classifications et nous n'avons jamais insisté sur les raisons pour lesquelles ils classifiaient quelque chose.

Donc, à partir de maintenant, il faudra que les classifications proposées aux enfants aient un objectif quelconque *valable pour eux*.

Il ne s'agit pas de leur imposer une démarche de classification, un «automatisme classificateur» mais bien de les amener à déterminer des raisons valables de séparer des ensembles d'objets et que les critères de séparation choisis soient en accord avec le but fixé, encore là, du point de vue de l'enfant.

Même si le système est inadéquat, laissez l'enfant l'essayer. Amenez-le ensuite à l'améliorer ou à en changer si *son* expérience lui montre l'inefficacité de ses critères de classement. C'est de cette façon qu'il découvrira qu'il existe une relation entre la façon que l'on classe des ensembles et la raison pour laquelle on le fait.

Les jeux que nous décrirons dans ce chapitre vous sembleront, à juste titre, des activités sérieuses. Nous avons fait ce choix volontairement. Nous voulons en effet que le besoin de classifier passe dans la « réalité ». Mais le sérieux n'est pas nécessairement synonyme d'austérité, de tristesse et de punition. Rien ne vous empêche de leur donner un air de « fête du classement » en jouant les animateurs et en suscitant l'enthousiasme chez votre petit monde, en vous basant sur les avantages qu'ils trouveront à faire les classifications que vous leur proposerez.

JARDIN DE FLEURS

MATÉRIEL:
- un très grand pot assez opaque, plein de boutons qui soient d'au moins trois grosseurs, trois couleurs et présentent toutes les quantités de trous disponibles
- plusieurs boîtes d'environ 7 X 10 X 2 cm
- rectangles de tissu uni, blanc ou coloré (16 X 20)
- appareil à fixer les boutons

Expliquez à l'enfant que vous allez vous lancer dans la fabrication d'un jardin de fleurs en cousant ou en attachant des boutons suivant un patron tracé sur un rectangle de tissu. Si l'idée du jardin de fleurs ne vous tente pas, choisissez un autre dessin. Arrangez-vous pour avoir un rectangle de tissu sur lequel le dessin a été fait d'avance et commencez la mosaïque en disant à l'enfant: « Ici, il nous faudrait un bouton gros et noir (ayez soin de choisir une sorte de bouton qui est assez peu représentée). Va m'en chercher un dans le pot ». À moins d'une chance qui ne se renouvellerait certainement pas au second essai, ce de-vrait être long et l'enfant devrait avoir largement le temps de s'impatienter, surtout si vōtre pot a une forme qui ne permet pas d'examiner plus de quelques boutons à la fois.

Faites remarquer qu'à ce rythme, le travail ne sera jamais fini et qu'il devrait exister une meilleure méthode pour chercher des boutons de différentes sortes. Demandez des suggestions et sortez sans commentaires, deux de vos boîtes. En les voyant, l'enfant devrait suggérer une division quelconque. Insistez pour que cette division suive l'objectif: trouver les boutons plus facilement pour faire le dessin le plus rapidement, sans perdre un temps fou.

Vous pouvez prolonger ce petit jeu jusqu'à ce que la classification comprenne trois ou quatre niveaux en sortant de plus en plus de boîtes. N'oubliez pas de demander à l'enfant d'écrire sur les boîtes (ou de représenter avec un symbole) la définition de la catégorie de boutons qui s'y trouve. Cette étape est essentielle et elle vous donnera l'occasion de résumer les raisons du choix de telle ou telle catégorie.

Quand le classement est terminé et si l'enfant en a envie, donnez-lui le tissu que vous avez dessiné et permettez-lui, en lui offrant du matériel vierge, de faire son propre patron et de décider des couleurs qui l'orneront.

LES MÉTIERS ET LES OUTILS

MATÉRIEL:
* *tableau et craie ou papier et crayon*

Demandez à l'enfant de choisir un personnage et de vous énumérer les outils dont il se sert pour exercer son métier. Si plusieurs enfants participent au jeu, chacun devra faire une recherche différente. Les enfants pourront suggérer des outils à leurs camarades.

Ainsi, si votre enfant ou un des participants choisit, par exemple « le jardinier », ses outils peuvent être: une pelle, une pioche, un râteau, un arrosoir, un boyau, une brouettte.

Faites inscrire sur un tableau ou sur une feuille le nom du personnage ainsi que ses outils.

Demandez ensuite à l'enfant ou à un de ses camarades, s'il n'est pas seul, de diviser les outils en groupes ou « catégories » selon certains « usages » ou « travaux » qu'en fait le jardinier.

Exemple:
Le jardinier sème: pelle, pioche, râteau
Le jardinier arrose: arrosoir, boyau
Le jardinier prépare le terrain: brouette, bêche.

Soulignez que pour classifier les outils du jardinier, il serait peut-être préférable de les séparer et de les classer selon l'usage qu'en fera le jardinier.

Reprenez avec eux les groupes de séparation.
Les outils pour semer.
Les outils pour arroser.
Les outils pour transporter la terre.

Voilà trois groupes ou « critères » de séparation.

Répétez plusieurs exercices du même genre avec plusieurs personnages. Si tout un groupe d'enfants s'amusent à ce jeu, retirez-vous graduellement et laissez-les se poser des problèmes, mutuellement et à tour de rôle.

14 DES TROIS ÉTATS

Si l'on considère avec suffisamment de recul l'ensemble des corps qui nous entourent, on peut facilement remarquer les caractéristiques générales suivantes: quelques-uns ont une forme et un volume définis; d'autres, quoique le volume soit aussi défini, n'ont pas de forme fixe mais épousent la forme de leur contenant; d'autres, enfin, n'ont ni forme, ni volume fixes. Depuis un très grand nombre d'années, les hommes de science ont remarqué ces différences; ils ont finalement classé les corps dans trois grandes catégories: les solides, les liquides et les gaz.

Les jeux que nous proposons dans cette série amèneront les enfants à prendre conscience des trois états de la matière. Il n'est pas question d'aborder maintenant ce que l'on appelle les changements de phases, c'est-à-dire le fait que les corps peuvent changer d'état, passer de l'état solide à l'état liquide ou gazeux, sans pour cela changer de constitution interne. Ainsi l'eau demeure-t-elle toujours de l'eau, qu'elle soit sous forme de glace (solide), d'eau (liquide) ou de vapeur (gazeux). Laissez pourtant les enfants soupçonner que les catégories dans lesquelles ils classeront différentes substances n'ont pas nécessairement un caractère absolu et final, car les caractéristiques extérieures sur lesquelles ils auront basé leurs classifications sont susceptibles de changer. Vous éviterez ainsi que vos enfants entretiennent l'idée qu'il existe une et une seule vérité scientifique et attribuent à leurs découvertes un caractère d'immuabilité qu'elles ne peuvent et ne doivent évidemment pas avoir.

LE LIQUIDE ET LE SOLIDE

MATÉRIEL:
- cubes de bois
- caillou
- bouteille d'eau
- bouteille d'huile végétale
- bouteille de mélasse
- bouteille de sirop de maïs
- balle de caoutchouc
- billes

Présentez aux enfants l'ensemble des solides et des liquides dont vous disposez. Demandez-leur de diviser ces corps en deux catégories. Afin de les aider dans leur travail, posez-leur des questions. Par exemple, agitez chacun des corps, qu'ils soient solides ou liquides et interrogez les enfants: « Se comportent-ils tous de la même façon? » Faites le geste de verser, aussi bien pour les solides que pour les liquides: « Y a-t-il une différence entre ces corps? » Versez un peu d'eau sur votre table de travail, juste à côté du cube de bois ou d'une bille de verre. Continuez à questionner les enfants: « Tous les corps se tiennent-ils de la même façon? »

Prenez tout le temps qu'il faudra pour les amener à bien dégager les caractéristiques des corps que vous leur présentez. Ils devront manipuler les corps eux-mêmes. Lancez des discussions en partant de leurs observations. Toutefois, n'oubliez pas votre objectif; il faut que le groupe arrive à distinguer deux catégories de corps à partir de cet ensemble. À ce moment-ci, ne vous souciez pas trop de la terminologie employée par les enfants au sujet des caractéristiques des corps. Vous entendrez sûrement toutes sortes d'énoncés acceptables pour le moment, comme ceux-ci:

« certains corps coulent, d'autres ne coulent pas »
« certains corps se répan-

dent, d'autres ne se répandent pas »
« certains corps ont une forme fixe ou définie, d'autres pas ».

Plus tard, vous aurez l'occasion d'amener les enfants à préciser leur notion sur les états de la matière.

À la fin de ce jeu, les enfants devraient pouvoir distinguer entre les deux états « solide » et « liquide » et savoir pourquoi on classifie les corps de cette façon.

SOLIDE OU LIQUIDE?

MATÉRIEL:
- un sac de pierres concassées
- un récipient d'un litre vide
- un récipient d'un litre
  contenant de l'eau
- un sac de sable

- loupes
- balles
- sel
- sucre

Présentez à l'enfant un très gros récipient contenant des pierres concassées. Prenez quelques pierres et donnez-les-lui. Demandez-lui s'il s'agit d'un liquide ou d'un solide. Il vous dira probablement qu'une pierre est un solide. Demandez-lui si un récipient de pierres est un solide.

Versez les pierres dans un autre récipient, amenez-le à douter de son système de classification en lui signalant que les pierres semblent épouser la forme du récipient.

Recommencez avec des balles beaucoup plus grosses que les pierres déjà employées.

Donnez ensuite à l'enfant un petit sac de sable; invitez-le à regarder le sable à la loupe. Amenez-le à dire que le sable est constitué d'un ensemble de petites particules solides (pierres). Demandez-lui si le sable est un solide. Versez du sable d'un récipient à un autre. Interrogez alors l'enfant: « Le sable épouse-t-il la forme du récipient? »

Arrangez-vous pour qu'il se rende compte que les cailloux, les balles et les petits cailloux formant le sable sont des solides, mais que, lorsque l'on en met plusieurs ensemble, ils ne se comportent pas tout à fait de la même manière que les corps identifiés comme des solides

166

lorsqu'il a joué au jeu: *Le liquide et le solide*. Demandez-lui de préciser la classification de façon à ce que les solides puissent englober aussi un sac de pierres ou de sable. L'enfant devrait encore regarder un liquide à la loupe et dire que le liquide, lui, n'est pas composé de granules solides. Donc, l'observation à la loupe constituera un test nécessaire à la classification de certains solides ou liquides douteux.

Il serait bon de rappeler, en passant, une autre différence entre un solide granulé et un liquide: lorsque l'on verse un liquide, sa surface est toujours horizontale. Il n'en va pas de même pour un solide.

Ces différences devraient maintenant faire partie du système de classification de l'enfant.

Donnez-lui ensuite un ensemble composé de corps solides et liquides; demandez-lui de classifier ceux-ci en deux catégories à l'aide de son système. Des solides granuleux tels que le sel et le sucre doivent faire partie de ce système.

À LA DÉCOUVERTE DES GAZ

MATÉRIEL:
- *cylindre transparent ou opaque (tuyau de plomberie en plastique) avec bouchon*
- *récipient d'eau*
- *bouteille d'eau gazeuse*
- *ballons gonflables*

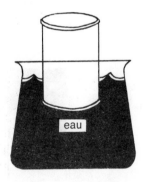

eau

Demandez aux enfants s'ils pensent que tous les corps pourraient être touchés par leur classification. Invitez-les à essayer de nommer un corps, un être ou une substance qui ne peut pas être classifié à l'aide du système qu'ils connaissent déjà. Discutez les propositions avec eux et aidez-les à les situer si elles font partie du système. Si personne ne parle de l'air, interrogez-les directement: « L'air existe-t-il? » Discutez avec eux.

Proposez-leur ensuite de faire un test qui leur permettra de se rendre compte de l'existence de l'air. Renversez un cylindre bouché dans l'eau et demandez aux enfants de venir à tour de rôle pousser sur le cylindre.

Enlevez le bouchon et faites la même opération. Amenez les enfants à dire que c'est l'air qui était res-

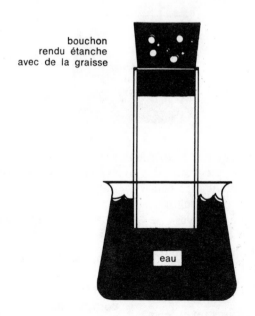

bouchon
rendu étanche
avec de la graisse

eau

ponsable de la poussée qu'ils sentaient dans leur main. L'air occupe de l'espace, il « prend de la place » et pour s'en apercevoir, il suffit de l'empêcher de s'échapper[1].

Effectuez ensuite le test bien connu qui consiste à secouer une bouteille d'eau gazeuse après lui avoir installé un ballon sur le goulot. Voici la procédure à suivre. Montrez d'abord la bouteille aux enfants et débouchez-la devant eux. Prenez un ballon dégonflé, examinez-le avec les enfants en discutant le fait qu'il ne contient rien; mettez alors le ballon en place. Secouez vigoureusement la bouteille, de façon à ce que le ballon se gonfle. Lancez la discussion sur le phénomène: une substance semblable à l'air (mais qui n'en est pas nécessairement a « pris de la place » dans le ballon.

Dites-leur que les corps ou les substances qui ressemblent à l'air ou à la vapeur d'eau gazeuse se nomment « gaz ». Laissez-les dégager les principales caractéristiques des gaz et ajoutez celles-ci au système de classification. Essayez de provoquer des affirmations comme celles qui suivent:

« Le gaz prend la forme du récipient. »

1. Vous pouvez aussi réaliser cette expérience (car c'en est une) avec une boîte de conserve ouverte à un bout. Pour le deuxième essai, enlevez le fond de la boîte avec un ouvre-boîte. Ou procurez-vous deux boîtes identiques, l'une étant ouverte sur le dessus et l'autre aux deux extrémités.

« On ne voit pas sa surface. »
« Le gaz change de volume (rapetisse ou s'agrandit) si l'on veut. »

Avec le ballon, livrez-vous à toutes les expériences qui vous semblent utiles ou nécessaires pour faire saisir aux enfants la notion de gaz et les caractéristiques de ce corps. Favorisez ensuite l'établissement des comparaisons entre gaz et solides, gaz et liquides. Incitez les enfants à bien dégager les différences et à les ajouter s'il y a lieu au système de classification.

UN GAZ... OU PLUSIEURS?

MATÉRIEL:
- *ensemble d'objets se trouvant dans la maison*
- *une bouteille*
- *bicarbonate de sodium*
- *vinaigre*
- *ballons gonflables*

Prenez un objet quelconque se trouvant dans la maison, par exemple, un panier à papiers. Demandez à l'enfant de l'observer attentivement et d'expliquer pourquoi il peut être classifié parmi les solides. Il devrait dire que c'est parce qu'il a une forme fixe et un volume défini. Demandez ce que veulent dire « forme fixe » et « volume défini ». Cette fois, n'acceptez que des réponses précises, qui n'admettent pas d'ambiguïté. Répétez l'expérience si vous en sentez la nécessité.

Maintenant, ajoutez aux objets quelques récipients contenant des liquides (eau, huile, sirop...) et procédez comme vous l'avez fait dans le cas des solides. Pendant cette partie du jeu, ramenez la discussion sur quelques solides.

Enfin, présentez à l'enfant un ballon gonflé d'air et amusez-vous à le comprimer jusqu'à ce qu'il finisse par éclater. Amenez l'enfant à discuter des caractéristiques de ce gaz qui n'a ni forme fixe, ni volume défini.

Sans négliger les corps solides, liquides et gazeux que vous avez utilisés au cours du jeu, préparez une nouvelle expérience. Commencez par verser un peu de bicarbonate de sodium dans une bouteille; tenez-vous prêt à placer un ballon vide sur le goulot et versez un peu de vinaigre dans la bouteille. Installez immédiatement le ballon sur le goulot de la bouteille, pour le faire gonfler. Expliquez ce que vous avez fait et discutez des caractéristiques du corps qui se trouve à l'intérieur du ballon.

Construisez avec l'enfant un tableau des solides, liquides et gaz qu'il connaît tout en basant votre classification sur les caractéristiques de chacun des états de la matière.

15 PAR L'EAU ET PAR LE FEU

Depuis le début de la série *Touche à tout*, l'enfant classifie les objets à partir de propriétés directement repérables par observation directe.

Cette fois-ci les différences et les ressemblances utilisées pour classifier ne seront plus du genre formes, couleurs, odeurs ou textures. L'enfant apprendra à baser sa classification sur des « aptitudes » physiques et chimiques que les corps possèdent... ou ne possèdent pas.

Évidemment, les propriétés physiques ou chimiques utilisées dans cette étape sont très simples: un corps se dissout ou ne se dissout pas, flotte ou ne flotte pas, brûle ou ne brûle pas. La présence ou l'absence de ces critères se vérifie facilement par un test rapide sur chaque corps à classifier. L'enfant, de plus, s'initiera à l'expérimentation scientifique.

Par exemple, pour savoir si un corps se dissout dans l'eau à la température de la pièce, il suffit de plonger une petite quantité dans l'eau et de regarder s'il « diminue » ou « disparaît ». Après avoir soumis tous les corps à ce test, il est possible de les séparer en deux catégories: ceux que l'eau dissout et ceux que l'eau ne dissout pas.

En préparant des tests semblables pour étudier ces deux propriétés, on peut facilement construire un système de classification utile et strictement opérationnel.

Cet aspect d'abord théorique de la classification surprendra les enfants et demandera des efforts de concentration de leur part. Il faudra une motivation soutenue pour mener ce travail jusqu'au bout; l'élément déterminant réside dans la présentation du problème. Pour chacune des activités, vous mettrez à profit tout ce qui captive les enfants afin d'inventer des projets ou des histoires qui, d'eux-mêmes, créeront le besoin de corps qui se dissolvent dans l'eau, qui flottent ou qui brûlent, etc.

Ces jeux sont souvent plus amusants avec plusieurs enfants, mais un seul enfant y trouve aussi beaucoup d'intérêt. Le premier jeu de la série placera les enfants dans l'ambiance et introduira les autres jeux.

QUESTIONS SUR LA RÉACTION

MATÉRIEL:
· aucun

Expliquez qu'il est très facile de connaître les objets qui nous entourent et de savoir comment ces objets réagissent à certains agents de changements tels que l'eau, la chaleur, le feu, la pression... Réfléchissez avec eux sur la nécessité de connaître ces réactions pour la construction, l'entretien, la conservation, etc. de ces objets. Trouvez ensemble des exemples.

« Ainsi, avant de construire un bateau, il vaut mieux se renseigner sur les corps qui nous entourent et sur leur façon de se comporter dans l'eau. Aucun ouvrier, par exemple, construira un bateau en sucre car il sait que le sucre se dissout dans l'eau. »

« De même, pour conser-

ver certains corps, il faut connaître leurs réactions, afin de les entreposer de façon adéquate. Par exemple, tu ne songerais pas à entreposer un cube de glace dans le four. Il ne te viendrait pas à l'idée, non plus, de ranger sur un calorifère une craie de cire qui fond à la chaleur, ou un disque qui risque se voiler. »

Laissez discuter les enfants, poussez-les à raconter leurs petites « aventures », aidez-les à trouver le plus d'exemples possible.

En fin de discussion, amenez les enfants à sentir la nécessité de faire une étude expérimentale plus systématique de certaines propriétés des corps.

DE LA CAVE AU GRENIER

MATÉRIEL:
- *petits pots*
- *grand bocal*
- *sucre*
- *sel*
- *soufre*
- *sciure de bois*

- *talc*
- *liège*
- *fer*
- *carbone*
- *eau*

Placez devant l'enfant un ensemble de corps: sucre, sel, soufre, sciure de bois, talc, liège, carbone, fer.

Proposez-lui de rechercher le plus grand nombre possible d'objets construits ou fabriqués à partir des matériaux que vous avez disposés devant lui. Vous pouvez également lui suggérer de construire quelques objets avec certains de ces matériaux.

Invitez les amis de votre enfant à participer au jeu. Une fois la recherche terminée, demandez à l'enfant (ou au groupe) s'il connaît des endroits où il serait possible de ranger soit les matériaux que vous avez sortis soit les objets fabriqués.

Mentionnez que vous disposez de deux endroits pour les ranger: la cave (A) et le grenier (B). Précisez que la cave risque d'être humide ou même inondée, tandis que le grenier est à l'abri de l'eau.

Demandez donc à l'enfant (ou au groupe) de choisir, après réflexion, les objets qu'il rangera dans la cave (A) et ceux qu'il mettra au grenier (B).

Écrivez les résultats du choix sur un tableau de données:

endroits de rangement des objets choisis en fonction de leurs réactions à l'eau	
CAVE (A)	GRENIER (B)
(avec eau)	(sans eau)
• liège	• sucre
• bois	• sel

Discutez du choix et des raisons qui l'ont déterminé. Faites comprendre la nécessité d'expérimenter pour s'assurer de la nature des réactions de chacun de ces matériaux en présence de l'eau.

Placez ensuite sur une table un bocal rempli d'eau. Demandez aux participants de planifier des expériences qu'ils pourraient réaliser avec les matériaux utilisés pour connaître leur réaction à l'eau.

Discutez ensemble des expériences envisagées, demandez d'expérimenter puis de noter soigneusement les résultats obtenus.

Engagez les participants à partager leurs matériaux en deux grandes catégories, en se basant sur leur réaction à l'eau:

les matériaux
que l'eau fait disparaître

les matériaux
que l'eau ne fait pas
disparaître

179

ou plus précisément:

les matériaux
que l'eau dissout

les matériaux
que l'eau ne dissout pas

Redemandez de choisir le meilleur endroit de rangement: la cave (A) (avec eau) ou le grenier (B) (sans eau). Rappelez la nécessité de tenir compte des résultats obtenus lors des expériences avec l'eau. Préparez un nouveau tableau de connées, puis comparez les résultats inscrits sur le premier et le second tableau.

Après cette longue démarche, vous pouvez commencer une classification plus formelle:

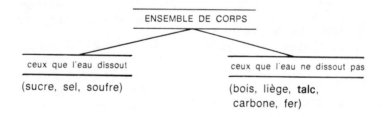

ENSEMBLE DE CORPS

ceux que l'eau dissout
(sucre, sel, soufre)

ceux que l'eau ne dissout pas
(bois, liège, **talc**, carbone, fer)

LA CONSTRUCTION NAVALE

MATÉRIEL:
- *petits pots*
- *grand bocal*
- *sucre*
- *sel*
- *soufre*
- *sciure de bois*

- *talc*
- *liège*
- *fer*
- *carbone*
- *eau*

Placez devant l'enfant un ensemble de corps: sucre, sel, soufre, sciure de bois, liège, talc, carbone, fer.

Demandez-lui ensuite de désigner les matériaux qu'il pourrait utiliser pour construire un bateau. « Peux-tu utiliser des corps qui se dissolvent dans l'eau? » « Ne vaut-il pas mieux se servir de matériaux qui ne se dissolvent pas dans l'eau? »

« Comment peux-tu identifier les corps qui se disolvent dans l'eau et ceux qui ne s'y dissolvent pas? » (cf. jeu précédent). Faites cette identification.

« En te livrant à tes expériences sur la dissolution des corps dans l'eau, as-tu remarqué que parmi les corps qui ne se dissolvent pas dans l'eau, certains flottent tandis que d'autres ne flottent pas? »

Amenez ainsi l'enfant à réfléchir sur la nécessité de distinguer les corps qui flottent de ceux qui ne flottent pas pour mener à bien la construction de son bateau. Rappelez-lui que certaines parties d'un bateau exigent d'être construites à l'aide de matériaux flottants tandis que d'autres nécessitent des matériaux non-flottants. Si cela s'avère nécessaire, cherchez avec l'enfant des informations dans le domaine de la construction navale. Suggérez-lui de planifier des expériences pour découvrir parmi les matériaux qui ne se dissolvent pas, lesquels flottent et lesquels ne flottent pas.

Demandez-lui ensuite d'expérimenter, d'observer et de noter ses résultats sur un grand tableau de données.

Puis, réfléchissez avec l'enfant sur l'utilité de son système de classification en fonction du choix des matériaux nécessaires à la construction de son bateau. Tout au long de votre discussion, suivez au tableau les différents paliers de la classification.

NOS MATÉRIAUX	
CEUX QUI FLOTTENT	CEUX QUI NE FLOTTENT PAS
• bois	• carbone
• liège	• fer

Invitez-le ensuite à découvrir de nouveaux usages pour ce système de classification. « Dans quel cas, dans quelle circonstance, ce système de classification pourrait-il te rendre service? »

Proposez ensuite à l'enfant de reconstituer mentalement toutes les étapes suivies pour construire le système de classification. Cet effort est très important mais il peut être difficile pour votre enfant. Vous devez donc l'aider et le stimuler, sans toutefois refaire le processus à sa place.

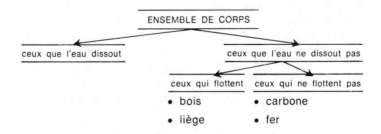

LE POMPIER ET LE FINANCIER

MATÉRIEL:
- *sucre*
- *sel*
- *soufre*
- *sciure de bois*
- *talc*
- *liège*

- *carbone*
- *fer*
- *petits pots*
- *allumettes*
- *grosse chandelle*
- *petites assiettes d'aluminium*

Expliquez à l'enfant que pour plusieurs raisons: construction, sécurité, etc., il est nécessaire de connaître la réaction des corps à la chaleur et à la flamme.

Placez devant lui un ensemble de corps: sucre, sel, soufre, sciure de bois, liège, talc, carbone, fer.

Dites à l'enfant que vous devez remettre ces matériaux, soit à un pompier, soit à un homme d'affaires pour les transporter à un laboratoire. Puisque le pompier est exposé à des chaleurs intenses, suggérez-lui de ne pas lui donner des corps qui brûlent.

Proposez à l'enfant de partager ces matériaux en deux catégories: ceux qui brûlent et ceux qui ne brûlent pas, pour les remettre respectivement à l'homme d'affaires et au pompier. Amenez-le à planifier des expériences pour vérifier quels sont les matériaux qui brûlent et ceux qui ne brûlent pas.

Cependant, pour des raisons de prudence, ne laissez pas l'enfant expérimenter seul. Prenez une chandelle allumée et approchez-la des différents corps, pris en très petites quantités. Exécutez les expériences planifiées par l'enfant. Demandez-lui d'observer et de noter toutes les réactions sur un grand tableau de données.

NOS MATERIAUX	
ceux qui brûlent	ceux qui ne brûlent pas
• soufre	• sel
• sucre	• talc
• bois	• fer
• liège	
• carbone	

Proposez-lui ensuite d'ajouter ces nouveaux renseignements à son système de classification formel. Laissez l'enfant effectuer sa démarche et organiser son système de classification.

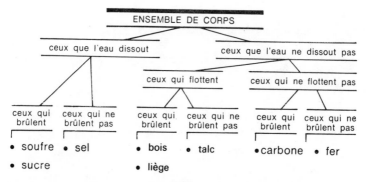

Aidez l'enfant à réfléchir sérieusement sur l'utilité de son système de classification en fonction des besoins exprimés dans les activités réalisées. Faites-lui trouver d'autres usages à ce système.

Demandez ensuite à l'enfant de reconstituer mentalement la démarche suivie pour arriver à construire son système de classification. Aidez-le dans cette réflexion mais ne supprimez pas son effort.

POUR REMPLIR LES VIDES

MATÉRIEL:
· le tableau de classification fait
  par l'enfant ou encore le
  tableau illustré ici:

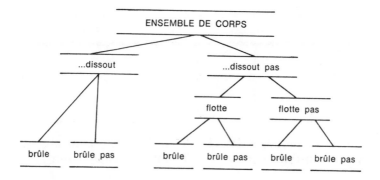

Demandez à l'enfant de trouver différentes substances dans la maison pour les situer dans ce système de classification.

Insistez pour que l'enfant respecte bien les étapes de la démarche: planifier les expériences; expérimenter; noter les résultats; intégrer le corps au système de classification en tenant compte des résultats obtenus lors de l'expérimentation.

Suggérez-lui de construire un grand tableau de données pour se faciliter l'enregistrement des résultats obtenus lors de l'expérimentation.

Exemple :

nom du matériau	se dissout	ne se dissout pas	flotte	ne flotte pas	brûle	ne brûle pas
tel caillou — — —		x		x		x

En tenant compte des résultats inscrits sur ce tableau, demandez-lui d'y intégrer chaque substance.

Pour faciliter votre choix d'activité, utiliser cet index de la façon suivante: pour une activité extérieure, regarder les numéros de page placés sous le soleil; les activités intérieures sont sous le dessin de la maison; les activités seules, sous le petit bonhomme; celles de groupe sous la ribambelle et les activités extérieures d'hiver, sous le flocon de neige.

☀	🏠	👤	👥	❄		☀	🏠	👤	👥	❄
13	13	13	13				105	105		
15	15	15					108	108		
	17	17				111			111	
18	18	18					119		119	
	20	20	20				122		122	
27	27	27					126		126	
	28	28				129	129		129	
	33	33					130		130	
37	37	37					131		131	
39	39	39					134		134	
	40	40					138		138	
	42	42					140		140	
45	45	45					142		142	
	47	47					144		144	
			49				146		146	
	52	52					147		147	
	53	53				148	148		148	
57			57				149		149	
	61	61					152		152	
	65	65					154		154	
70	70	70					159	159		
	72		72			161	161		161	
75	75		75				164		164	
76		76					166	166		
	78	78					169		169	
79		79					163	173		
84			84				177		177	
	86	86					178		178	
90		90					181	181		
94	94	94		94			184	184		
	97	97					187	187		
	101		101							
	103		103							